JN023072

Polonaise

Lunette

名前が語る お菓子の歴史

Duchesse

Salammbô

Bombe

ニナ・バルビエ、エマニュエル・ペレ
北代美和子 訳

Éclair

Mont-blanc

Tricorne

白水社

凡例

＊本書では、お菓子名は原則として原語をカタカナ標記し、ゴチック体で示してあります。そのあとの「　」内が日本語の訳です。

例　**トゥルマン・ダムール**「愛の苦しみ」

＊カタカナ標記された製菓関連用語については、巻末の製菓用語をご参照ください。

例　クレーム・シャンティイ

パティスリー

ヌガティーヌ

＊本文中《　》内は製菓店の店名を示します。

例《シャルロット・コルデ》

目次

序論
Introduction

研究の資料はそろい、準備はいまにも整おうとしている。しかし心は重い。**エクレール**「雷光」のきらめきのように**モンブラン**「白き山」を一瞬でよじ登り、**バヴァロワ**「バイエルンの男」と出会わずに**フォレ・ノワール**「黒い森」を通り過ぎるために、本当に必要なのはなんだろう？　出発は**ポン＝ヌフ**「新橋」からでも**サン＝トノレ**通りからでもいい。左岸のモンパルナス駅にいく。モンパルナスからはいくつものルートが可能だ。**パリ＝ブレスト**線を選んで、**サブレ**の街で停車。あるいはロワール渓谷のシャトーをめぐって**シャンボール**城に。途中**ピティヴィエ**で一泊。発車は迫り、駅は混雑している。そこで**ナンテ**「ナントの人」か**トロペジアン**「サントロペの人」に道を尋ねることになる……

お菓子についてのわたしたちの民族学的研究に使用する器具は精巧ではあるが、最新鋭でもないし、機能優先でもない。暗視鏡や、衛星によるナヴィゲーション・システムその他先端技術を使う機材はない。わたしたちがなによりもまず使用法を身につけねばならないのは、この研究にもっとも大切な器官「鼻」、である。なぜならば、研究領域の中心であるブランジュリー兼パティスリー兼サロ

エクレール

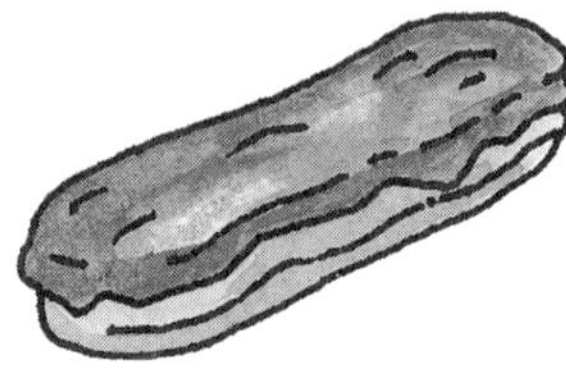

サン＝トノレ

ポン＝ヌフ

モンブラン

パリ＝ブレスト

ン・ド・テから立ちのぼる香りを識別する必要があるからだ。この困難な作業では、警戒怠りなく、食いしん坊を待ちかまえる罠——たとえば換気扇から立ちのぼる香りによって、磁石みたいにわたしたちをおびき寄せる製菓店のオーブン——に落ちないようにしなくてはならない。

それぞれの調査地に特有の慣例と風習を考慮しながらも、科学的厳密性は保たなければいけない。近所のパン屋さんの自家製ケーキは通りのこっちの端から向こうの端までいくあいだに、大急ぎでむしゃむしゃと立ち食いしてもいい。だが、有名なサロン・ド・テでは、お菓子は先祖伝来の儀式に従って賞味される。近所のパン屋とこのサロン・ド・テとを同じやり方で調査するわけにはいかない。

お菓子に関係のある場所のすべてをリストアップするのは不可能だから、わたしたちの資料は選択的ということになる。わたしたちはお菓子の単なる味ではなく、その名前を通して浮かびあがるイメージと象徴性とを大切にした。ひとことで言えば、わたしたちが興味をもったのはお菓子のメタファー。わたしたちは物語性のあるお菓子の名前、歴史や神話にまつわる名前、創意豊かな名前を集めて、注意深い昆虫学者のようにピンで標本箱にとめるつもりだ。

バーコードと規格品の時代、詩心がすべてに優るのもまたお菓子においてである。お菓子だけで一冊の辞書ができる。その辞書には無数の語尾変化と活用が含まれ、語彙には類義語がつきない。

フォレ・ノワール

ピティヴィエ

シャンボール

夢の媒体

お菓子はまたひとつのメタファー、お菓子と結びつけられた言葉、神話、歴史、伝説をめぐる夢の世界だ。文学に関連する話題やエピソード、象徴性がイメージを喚起する力となり、その結果、お菓子はますます味わいを増す。名前とその響きが想像力を刺激し、象徴性と現実とが結びあわされて意味をあたえる。文化人類学者のクロード・レヴィ＝ストロースなら言うだろう。お菓子は人間にとって「食べるに適したもの、つまり考えるのに適したもの、想像し、象徴するのにたしかに優れたものである」。

しかし、われわれの研究領域には、落とし穴、思考の罠がばらまかれている。わたしたちは何時間もかけた調査のあとで、ようやくあるパティスリーにたどり着いて、ほっとひと息ついた。だが、なんの標識もない無名のお菓子群をそこに発見して愕然とした。調査は台無し！　お菓子群が、5フランとか8・50フランとか10フランとか、その商品価値を明示する白いボール紙の札によってのみ存在していることを確認したとき、わたしたちの落胆はいっそう大きくなった。もっとも重要な儀式の意味をついに解明したと思っているのに、じつは注意散漫な観光客相手のインチキ・フォークショーに立ち会っている文化人類学者のようなものだ！

反対に、別の店はリトレ編纂の「フランス語辞典」にも似た一冊の百科事典である。名称、イメージ、図像があふれる！ メモを取り、しばらく滞在しなければならない。しかし、なすべきことは多い！ メモ帳片手に好奇心丸出しの目つきで名札を細かく調べ、新しい名前をいちいち書きとめる。これで人目につかずにいるなど、どだい無理な話ではないか！

研究対象地域

研究対象地域、すなわちブランジュリー兼パティスリー兼コンフィズリーの調査は一日のいつでも、あるいは一年のいつでもできるわけではない。相手が予測もしていなかった質問を浴びせて邪魔をしたりせず、最大限詳細な回答を得るためには、作業のリズムを予測して、あらかじめ準備をする必要がある。農耕社会についての調査を、みんなが農作業に忙殺され、アンケートに答える一瞬のひまもない収穫のまっ最中に開始する文化人類学者はいないのとちょっと似ている。同じように、復活祭の直前に、有名ショコラティエを攻略はできない。

レヴィ=ストロースは著書『悲しき熱帯』のなかで、民族学者の悲哀を物語っている。調査をきちんと進めるために、学者は朝は村のだれよりも早く起き、夜はメモ帳を整理して、火が消えたずっとあとに床につく。わたしたちは開店をうかがい、隅に身を隠して、好機を待たねばならない。お客があまりいなくて製菓職人が特別注文や寓意的な**ピエス・モンテ**のために忙しく立ち働いてはいないときがチャンスだ。お店が静かになってようやく、わたしたちは最良の情報提供者（インフォーマント）、つまりシェフ・パティシエや主人、あるいは女主人を標的にできる。これらの人びとこそがお店と料理創造にまつわる記憶の担い手なのである。

あらかじめ質問の一覧表を用意しておくことなしに調査はありえない。製菓職人はフランスの文化遺産、美食と甘味の伝統の守り手である。調査対象の職人は古典銘菓と偉大な先人たち――アントナン・カレーム、コクラン、ジュール・グフェ、シブスト、ブルボヌー、エスコフィエ、ユルバン・デュボワらのシェフ・パティシエ、あるいはピエール・ラカンに代表される製菓史の大家たち――をちゃんと知っているだろうか？

ジュール・グフェは若き製菓職人への助言集にこう書いている。「製菓の芸術において成功するには、なによりもまず頭を働かせなければならない。つまり職人を芸術家に近づけるある種の能力に恵まれている必要がある。考案し、新しいものを作り出す想像力。あるいはしかるべきときに過ちを訂正し、思いがけない事故を繕う想像力。使用された食品ごとの正確な割合を把握し、それをおいしく混ぜ合わせる味覚。大型小型を問わず、お菓子に見た目のよいプロポーションをあたえる芸術的感覚。これらの特質に、服従を命じる性格の強さと、なによりもまず、『時間を守るのは王たる者の礼儀である』と言ったルイ十八世にとってと同様、製菓職人たる者にとっての礼儀でもある時間厳守を加

える ことができる」(Jules Gouffé, *Le Livre de la pâtisserie*, p. 2.)

詩の辞典

さいわいにも、われわれのお菓子品目一覧表は決して閉ざされたものではない。対象とすべき製菓職人は、つねに創意と好奇心とに富み、最近の事件でもお菓子名に拝借してくるような人物が好ましい。たとえばあのコンドルセ通りの職人。どこにいっても同じ名前に出会うのにうんざり、最近のニュースを自分がどう読み解くかによって、お菓子の名前をつけなおす。そこで、ふたつの穴から木イチゴのジャムがのぞくので**リュネット**「眼鏡」と呼ばれているサブレには**オイユ・ド・モスクー**、つまり「モスクワの眼」という名がつけられた！　そこからあまり離れていないところでは、商売敵が横断幕を掲げて創作のひとつひとつを売り込んでいる。精神分析医の長椅子に身を横たえずとも、職人は自分の秘密の花園の一部——店独自のレシピと製菓界における栄光ある名称とをどのように組合せようとするか——をわたしたちに明らかにしてくれる。

回答はしばしば個人的なエピソード、歴史的逸話、形態と名称のあいだのアナロジーと結びつけられている。味覚の繊細さが名前の響きに再現される。しかしただ連想させるだけでは充分ではない。自らの使命に全霊を捧げる文化人類学者と同様に、秘儀を伝受された者となるためには、わたしたちも自分で味を見てみなければならない！　研究の目的は採点ではなく、わたしたちの研究領域の上に知覚可能な構造を浮かびあがらせることである。

ブランジュリー＝パティスリーはわたしたちの社会、その通過儀礼、祝祭の意志の交差点であり、反映である。「その社会が粗野であろうと複雑であろうと、すべての社会において、人間関係の構築と維持とはなによりもまず食料の共有を通しておこなわれる」(Peter Farb et Georges Armelios, *Anthropologie des coutumes alimentaires*, Denoël, 1985, p. 10.)

プルーストのマドレーヌ

放課後のおやつの楽しみ、日曜のホームメード・ケーキの儀式、お菓子はわたしたちの生活を彩り、本物のお祝いの食事はお菓子の登場なしでは終わりえない。わたしたち著者ふたりの「マドレーヌ」はなんだろう。おたがいの出身地は地球の正反対にあるので、わたしたちのマドレーヌはアルザス名産プラムの一種クエッチのタルトであるともココナツ・ケーキであるとも言える……フランス東部アルザス育ちのニナは、子供のころ、伝統菓子の**クグロフ**やプラムの一種ミラベルの**タルト**、そして**パン・デピス**、「ビスキュイ」で作る**アニョー・パスカル**「復活祭の仔羊」を食べた。もうひとりはアンティーユ諸島。ひいおばあちゃんの作るココナツ・ケーキの郷愁に満ちた思い出は、エマニュエルの記憶に永遠に刻みつけられている。このお菓子を作るには何日もかかった。ココナツの実を割り、そのあとココナ

ツ・ミルクを布で漉さねばならない。準備のあいだ、百歳にならんかという「マーム」は今世紀初頭のアンティーユ諸島での暮らし、一九〇二年にマルティニック島を襲った災害の話をした。ひいおばあさんはその数少ない生存者のひとりだった。お菓子の味は島のエキゾティックな世界と結びつくことですばらしい効果をあげた。大きな丸いお菓子、ふわふわで「雪のごとくに白く」、ココナツの削りくずが星のように飛び散る。表面をふっと吹いてから、ふわふわの生地に指をつっこんでちぎって食べるのがみそ。レシピは現在わが家のお料理ノートにうやうやしく記録されている。

エマニュエルの母親は気が向くと偉大な製菓職人となり、エマニュエルが子供のころには毎朝、牛乳の表面に皮のように浮かぶクリームを集めて「牛乳の皮」ケーキを作った。朝、クリームのない低温殺菌ホモゲナイズド牛乳のカートンをあけるたびに、あのケーキのことを懐かしく思い出す。今日では、「牛乳の皮」という基本素材が完全に消滅したために、このお菓子はレシピ帳から削られてしまうかもしれない！

氏族間の闘い

お菓子は一種の社会的な時計であり、誕生や結婚などの重要な通過儀礼や暦の祝日を告げる。ユダヤ教・キリスト教・イスラム教の三大一神教は、記念行事や宗教的祭事とお菓子のもつ料理上・宗教上の禁忌も含めた特別な象徴性のあいだのアナロジーをとくに大切にする。

お菓子と言葉、すなわち記述的なメタファーを結びつけることによって、そのお菓子にある種の神秘性、社会的特権、概念的価値をあたえられる。言葉と風味のジャングルにおいては、これらの甘い快楽を象徴的な主題にしたがって分類し、区分けしなおせるだろう。特権的なお菓子のなかには、ありふれたお菓子の集団を抜け出して、神話、伝説、歴史上の目印、文学的で詩的な創造物になっているものもある。しかし、一部の特別扱いを避けるために、これらのお菓子は家族ごとにまとめることにする。そのため親族関係の追求が必要となり、氏族間の争い、首長同士の闘争が問題となる。料理同盟と料理戦争は避けがたい。

結局のところ、「糖菓職人の休戦協定」（クリスマスと新年に菓子屋が休業することから、この期間の政治休戦を指す）が和解と宥和を可能にするだろう。お菓子は必然的に私たちを、欲望へ、女性のイメージへ、セクシュアリティーへと導く。**ベゼ・ド・ダーム**「貴婦人の口づけ」、**トゥルマン・ダムール**「愛の苦しみ」あるいは**タンドル・プロメス**「甘い約束」を口にしながら、大理石のように冷たく平然としているわけにはいかない。お菓子は会話、味わい、繊細な歓びへの招待状。だから閨房（ブドワール）（身分の高い婦人が客を迎えておしゃべりを楽しむために使う小部屋。第五章参照）の哲学を始めようではないか。

「ウブリ」から「ビスキュイ」まで

歴史的に見ると、ブランジェとパティシエのふたつの職種はそれほど明確に分離してはいない。考古学者が明らかにした人類最古の痕跡からは、人間が水を加えた粥状の穀物の形で粉食をし、非常に早い時期にそれを加熱するようになったことがわかる。メソポタミアや中東の地理圏では、人類初のパン種による発酵生地のガレットが作られた。ビスキュイ、つまり「二度焼く」という意味の言葉は語源的には古フランス語に由来し、もともとは小麦粉、塩、水で作るパンを意味した。

ギリシア人、ローマ人、ガリア人、さらには中世の人びとまでも、基本的にはパン生地に卵、凝乳のチーズ、そしてとくにアニスやクミン、コリアンダー、ういきょう、ケシその他のスパイスのような香料を加えて、お菓子を作っていた。古代の製菓職人はプラコン **plakon**（燕麦、フレッシュ・チーズ、蜂蜜で作るビスキュイ）とアルトス artos を区別した。アルトスがのちに「パン」という言葉で示されるようになる。こういったお菓子やパン・デピス「スパイス入りパン」はギリシア語でオベリオス obelios と呼ばれた。これはフランス語の**ウブリ** oublie の語源とも言われ、初期のパティシエはこの言葉から派生した用語でウブリユー oublieux と言われた。

調査にとりかかって

調査の対象地域におもむく前に、文化人類学者は自分の理論的考察の第一歩を、とくに文献的研究、つまり同学者の著作を読むことによってすでに練りあげている。しかし、新しい調査領域は完全に規定された閉鎖的なものではなく、二、三の調査のあとでは拡大するのがつねだから、研究者はその領域に立ち向かうとすぐに、全体の再定義を余儀なくされる。フランス菓子の象徴性に関するわたしたちの研究でも、もちろんそうなった——そうなってよかった。

わたしたちはフランス生まれの銘菓だけに研究領域を限定するわけにはいかなくなったのである。多くのお菓子が他のヨーロッパ諸国や地中海沿岸、そしてマグレブ地方で生まれている。人間と伝統とは往来し、交流を繰り返す。お菓子のレシピとアイディアも同じこと。パティスリー探訪だけに限ってしまえば、ブランジュリーの創造と伝統を排斥することになる。だからこそ、わたしたちの調査領域は、自然にブランジュリー兼パティスリー兼コンフィズリー、ショコラティエとトレトゥールにまで拡大したのである。

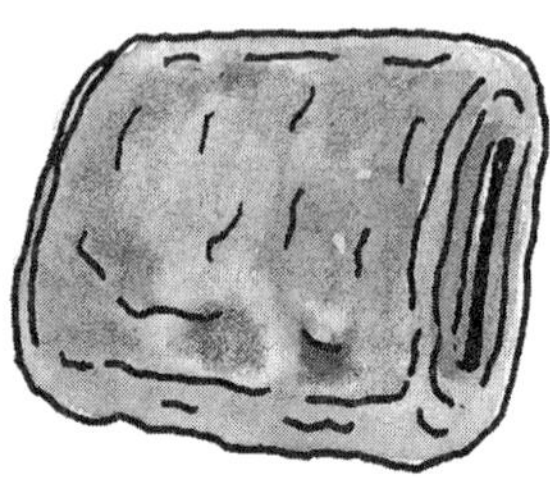

パン・オ・ショコラ

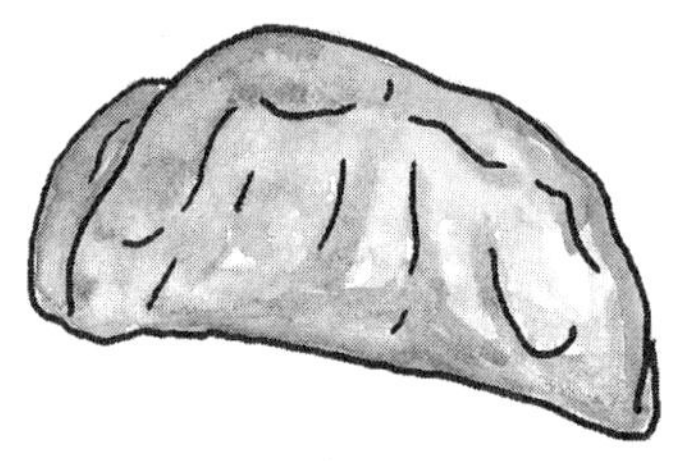

ショソン

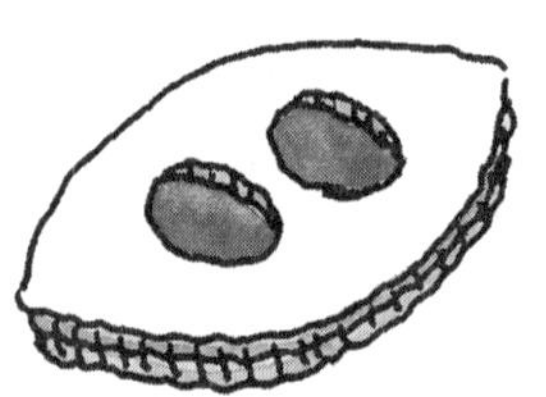

リュネット

サブレ

同業者組合の秘密

多くの場合、ブランジェ「製パン職人」とパティシエ「製菓職人」はひとまとめにされてきた。両者間に最初に亀裂がはいったのは、一四四〇年、菓子専門の同業者組合が創設されたときで、組合員は自分たちを製パン職人と区別し、製パン職人から甘味のお菓子ばかりでなく、**ビスキュイ**（かつては二度bis焼きcuitによって、より固く乾燥させ、もちをよくしたパンを指した。製菓用語を参照）や**クラックラン**（小麦粉、バター、卵などで作るぱりぱりした焼き菓子の総称）、**タルムズ**（クラックラン同様に中世までさかのぼる伝統菓子の一種で、基本的にはチーズを生地で包んで焼いた塩味のお菓子）その他のプティ・フールのような塩味のお菓子を作る権利まで取りあげた。今日、子供たちがよく食べ、軽食の代わりとなるようなお菓子のほとんどは、その名前でブランジェとパティシエの橋渡しをしている。一例として子供のおやつに引っ張りだこの**パン・デピス**を挙げることができる。この種のパンの一覧表には、**パン・オ・レ**「ミルク・パン」、**パン・オ・ショコラ**、**パン・ペルデュ**「フレンチ・トースト」、イギリスの**ショートブレッド**、ブルターニュの**クイニャマン**すなわちバターパン（日本で言う「クイニーアマン」。ブルターニュ人は「クイニャマン」と発音する）、さらに**パン・ド・ナント**「ナントのパン」、**パン・ド・サヴォワ**「サヴォワのパン」、**パン・ド・ジェーヌ**「ジェノヴァのパン」、**パン・ド・ラ・メック**「メッカのパン」など地名によって呼ばれるパンすべてを加えてよいだろう。

食いしん坊の皇后

ナポレオンの皇妃ジョゼフィーヌ・ド・ボアルネはお菓子に目がなく、毎日お菓子を食べた。お菓子への情熱は、マルメゾンの城にとても有名なナポリ人の製菓職人を二名おくようナポレオンに要求するほど大きかった。職人たちは毎日皇后のためにすばらしいお菓子を作りあげた。マルメゾンの晩餐会はとても人気があり、お城に招待された人は、区切り区切りに神の手になるかのようなお菓子の出る忘れがたき宴会を期待できた。ジョゼフィーヌはとくに「スフォリアッテレ・リッチェ」を愛した。これはクレーム・パティシエール、砂糖漬け果物、羊のリコッタ・チーズを詰めたナポリ風のショソンで、のちには「ナポリタン」と呼ばれた。おそらくジョゼフィーヌはそのクレオールの血ゆえに、いつでもどんなときでもお砂糖を愛するよう運命づけられていたのだろう。

黄金時代

パティシエの芸術が本当に形を取り始めたのは十七世紀で、十八世紀にはまさに真なる芸術の一分野となった。しかし啓蒙の世紀と呼ばれる十八世紀には百名ほどの製菓職人を数えるのみである。おそらく百科全書派が飲食業や味覚の甘い快楽に先駆けていたのだろう。

アントナン・カレーム（一七八四―一八三三）は偉大な製菓職人のひとりであり、建築とお菓子とを合体させた。カレームは弟子たちに美術館にいって、そこで見学できる凝った作りのトロフィーや杯から想を得るように勧めた。この時代以降、ババ、フイユテ生地、丸く絞り出したシュー生地を焼いたシュー・グリエなど偉大なお菓子が次々と創造された。お菓子のもつ意味は、ラルース辞典の定義「生地にさまざまなやり方で手を加え、オーブンで焼いた甘い料理」に要約はされえない。パティシエは洗練された建築物のような壮麗なピエス・モンテであろうと、プティ・フールといったひとり用のお菓子であろうと、甘いもの、デザートの分野で卓越している。現在、パティスリーはブランジュリーとは不可分であり、さらに砂糖とヌガティーヌの加工によってはコンフィズリーと、グラス（アイスクリーム）やシャーベットなどの氷菓によってはグラスリー「氷菓業」と切っても切れない関係にある。

第一章

お菓子の命名法

Principes de la métaphore pâtissière

わたしたちの手帳には、名詞、形容詞、品質形容詞、異国的な響きをもつ言葉、擬音語、特別に作られた合成語が次々に書き込まれていく。この語彙集に実体をあたえるために、わたしたちはお菓子のおおまかな形態や基本的な色をさっとスケッチし、その素材と作り方を推測しなければならない。のちに研究をまとめるにあたっては、概念についての説明や「地元民」による名称の意味づけが必要不可欠である。食いしん坊の意味論だけをやるわけにはいかない。

しかし興味の焦点、そして困難な点は、お菓子の社会的儀礼的意味合いを超えたところ、職人とその属する流派がこの記号体系を個人的にどう解釈するかにある。おそらく将来的には、「このお菓子、あるいはこの型のお菓子はルノートル学派を始祖とするのだろうか？」といったような仮説を立てることが可能となるだろう。お菓子はあらゆる場所で考案され、アイディアとアイディアの組合せはひとつのお菓子のなかで具体化される。

どんな社会でもそうであるように、命名法にはいくつかの大原則があり、社会学者エミール・デュルケムにならって、わたしたちもそれをもっとも単純なものからもっとも複雑なものにまで分類できるだろう。

名前は純粋に芸術的な観点のみから選ぶこともできる。作者は多様な味わいをもつ自分の傑作に魅了され、頭韻法、区切れ、リズム、アクセントを駆使して、まるでちょっとした歌のような巧みな響きをもつ名前を考え出す。ピエール・エルメが《フォション》のために考案した**マオガニー**という名を聞けば、ただこのお菓子を思い浮かべるだけではすまない。韻律には抑揚があり、使われる母音は多様だ。「マホガニー」という用語はセンダン科の熱帯木材を指し、お菓子のカラメル色を連想させる。製菓職人は詩人となる。この名称についてこれ以上の情報を得るのは難しい。創造者はすでに作品のなかで原則を明らかにし、あまり多くを語りたがらない。お菓子の名前はその創造者の趣味、たとえば音楽、歴史、神話、美術、科学などに対する情熱を表わすことができる。

そのお菓子に注意を引きつけるような名前をつけるべきであり、それを言葉遊びのように考えてもよい。名前だけではよくわからず、不可解に思うお客はその素材を知ろうとする。製菓職人クリスティアン・コンスタンはココナツとフランボワーズのお菓子**ココ・ディル**を完成させた。ココ・ディルつまり「島のココナツ」という名は、大海に浮かぶ趣ある小島を思わせ、その発音からは恐ろしい爬虫類クロコディル、そう、「ワニ」が連想される。しかしお菓子のラベルを読みながら、食いしん坊は頭の体操へと身を投じ、さらに先まで考えねばならない。同じコンスタンのもうひとつの創作**マカオ**は、都市そのものよりもこの固有名詞が意味する賭事の地獄、そしてその奥に、苦みの強いチョコレートとヘーゼルナッツ味のビスキュイ、ブラック・チョコレートと古ラム酒の微妙で洗練された風味の組合せを暗示する。

あるお菓子の名前が歌のタイトルや歌詞の一節の場合、思わずそれを歌いたくなるものだ。たとえばモデュイ作の**タン・デ・スリーズ**、チョコレート味のビスキュイとさくらんぼうのグラタンの組合せ。タン・デ・スリーズ……「さくらんぼうの実のなるころ……」（古典的なシャンソンのタイトル・歌詞）、あとを続けて『陽気なナイチンゲール』あるいは『からかい好きのツグミ』を口のなかでとろかすのは、読者諸兄姉、あなたの番だ……

地方の文化遺産

もうひとつの原則はお菓子をひとつの要素、その材料のひとつによって示すことである。たとえば風味や艶やかさゆえに珍重され、広く世に認められている果物の名を使う。**モンモランシー**という名称はさまざまなお菓子を指すが、共通する特色は酸味の強いモンモランシーのさくらんぼうの使用にある。モンモランシーは特産のさくらんぼうの品質がよいことで知られている。お菓子の基本的素材を規定するために、ある地方名が使われることもある。たとえば「アルデーシュの」を意味する**アルデショワ**は栗、ドイツ国境の**フォレ・ノワール**「黒い森」はさくらんぼうの一品種であるグリオット、**タルト・ノルマンド**の「ノルマンド」はノルマンディー特産で有名なりんごを指す。

技術の切り札

製造方法あるいは使用される器具が名称を左右することもある。英語の**プディング**はフランスでソーセージを意味する「ブダン」と同じ語源。もともとのプディングは腸に詰めてゆでた料理のことで、十八世紀以降は腸のかわりに布を使うようになった。**カヌレ・ジロンダン**「ジロンドのカヌレ」、古フランス語では単に**カヌレ**は、ぽってりとした小型菓子。その名前はカヌレ、つまり「縦に筋のはいった」型からきている。**クーゲルホップフ**あるいはアルザス地方の**クグロフ**は、やはりその名前を丸い形（「クーゲル」はドイツ語で「玉」を意味する）とビール酵母（ドイツ語で「ホップフ」）による。

重さと分量

ときにはお菓子に使用される材料の割合、あるいは組成から命名が可能になる。たとえば**カトル＝カール**。カール「四分の一」がカトル「四」という意味のこのお菓子は、卵、砂糖、バター、小麦粉の四種の基本的な素材を同じ割合だけ必要とする。同様にモデュイの店の**シ・フリュイ**「六つの果物」には異なった六種の果物が使用される。お菓子の偉大なる古典**ミル＝フイユ**にその名をあたえたのは、基本素材のフイユテ生地であり、ここでは数学に目を向ける必要がある。この名称はフイユタージュを構成する層の数からきている。折りたたみ作業は五回あり、完了時には生地の層とバターの層が七百二十九できる。つまり生地のあいだにバターをはさんで全体を三つにたたむとパイ生地六層とバター三層、全体で九層となり、二回目では九×三で二十七、それから二十七×三などなど、最後は二百四十三×三で七百二十九層の生地とバター。ほとんど一千枚となる！

形態と建築

似ているものの名前をつけること、いわゆるアナロジーの手法がお菓子でも使われる。創作者が提案する名称はお菓子とある物体、あるいはお菓子と実在の人物との類似を反映する。

幾何学的・建築学的形態からは、一例として、おそらくアンヴァリッド（パリの廃兵院。後期バロックの代表的建築家マンサール設計による大ドームが有名）やローマの聖ピエトロ大聖堂の円屋根から想を得た**ドーム**が挙げられる。武器からは**ボンブ**「爆弾」、これは氷菓。兵隊の帽子からの連想は**トリコルヌ**「三角帽」。ヴァニラ風味のビスキュイをマッチ棒のように作った**バトン・ド・マレシャル**「元帥杖」は、両端にふたつの飾り玉をちりばめた細い棒の形を思わせる。

動物、衣類、態度、感情――デジール「欲望」、パッション「情熱」、サンサシオン「官能」、トゥル

プディング

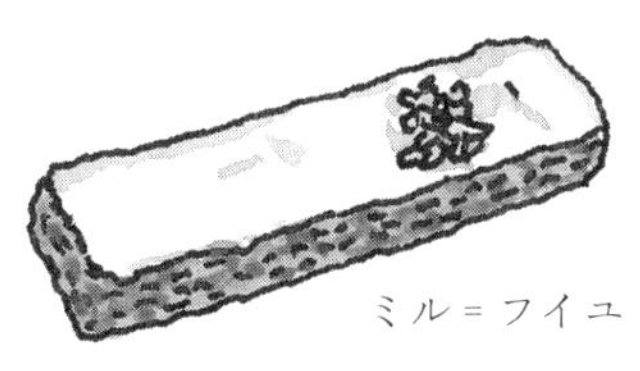

ミル＝フイユ

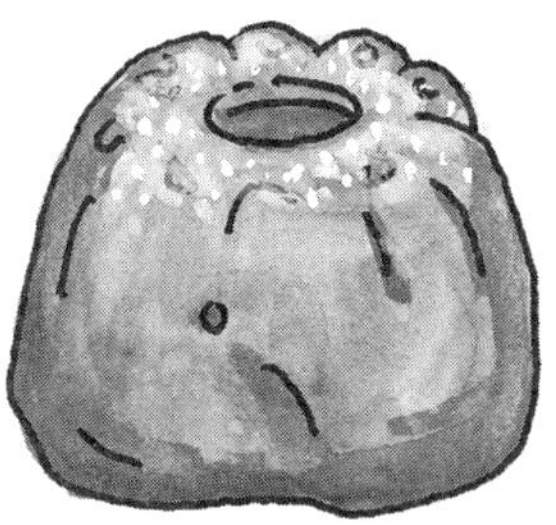

クグロフ

ボンブ

マン「苦悩」――、人の気分をよくするような言葉、あるいは賞賛を表す形容詞や名詞――メルヴェイユー「すばらしい」、マニフィーク「壮麗な」、アンクロワイヤーブル「信じられない」、シュクセ「成功」、アンジェニュ「無邪気」――、貴族の爵位――マルキーズ「侯爵夫人」、デュシェス「公爵夫人」、プランセス「王女」――憧れの職業や社会的地位――ディプロマット「外交官」、フィナンシエ「金融家」、レーヌ「女王」、アンペラトリス「皇后」――など、すべてがお菓子の名前になりうる。

賞味

お菓子の名前にはその食べ方から想を得ることもできる。**エクレール**は立ったままがぶりと……エクレール「雷光」のように一瞬で食べる。**ヴォロ＝ヴァン**――ヴァン「風」にのってヴォル「飛翔」――を戸外で食べるわけにはいかない。**クロカンブッシュ**はアン・ブッシュ「口のなか」でクロックロック「カリカリ」と音を立てながらとろけていく。ちょっと重い大型のクレープ、**マートファン**はファン「空腹」をマート「抑えて」くれるが、さすがに――エトフクレティアン、クレティアン「キリスト教徒」のエトフ「喉を詰まらせる」まではいかない。

低ノルマンディー地方の**トゥルグール**の名を挙げてもよいだろう。これは米、高脂肪乳、シナモンで作るデザートだが、「口いっぱい」と訳せる。この名が、お菓子の非常にこってりとした特質を指す

デジール
トリコルヌ
バトン・ド・マレシャル
デュシェス
シュクセ・オ・グラン

ことに疑問の余地はない。ノルマンディーの人は**トゥルグール**をたっぷりひと切れ食べると、完全に「封をされてしまう」と言う！

別の二種のお菓子は読んで字のごとし。キルシュ酒で香りをつけたクレーム・オ・ブールの**コーニュデュール**「どしんとぶつかる」とヌガー、プラリネ、ピスタチオの**リッシュパンス**「豊かな太鼓腹」である。

場所の記憶

しかし創造活動では自分の好みだけにこだわっているわけにはいかない。職人はそれを親しい人びとに捧げたり、お菓子や文学、音楽、絵画の歴史を画した偉大な人びと、情熱の領域、植物や動物、われわれの記憶に繰り返し甦る観光名所や特別な場所などに、お菓子によって敬意を表したりする。お菓子はひとつのオマージュ、その繊細さと調和のすべてを兼ね備えた詞華集である。

お菓子のメタファーはしばしば類型学と植物学の中間に近く、創造された場所を描く言葉であったり、あるいは特徴的な要素を示す単語であったりする。歴史的記念物のかわりに、あの町、この通りに関連するお菓子を掲載したパリの地図を描くのは簡単だ！　職人ならだれでも最初の創作菓子を自分の住む行政区、自分の広場、あるいは自分の泉に捧げるものだから……

すでにこのパリの地図の上には、右岸ロシュシュアール通り《ル・フランソワ》の**デリス・ド・ロシュシュアール**「ロシュシュアールの美味」、ロワイヤル通り十六番地のパティスリー＝サロン・ド・テ《ラデュレ》の**フォブール**「市街区」、あるいは**16ロワイヤル**「ロワイヤル十六番地」を掲載できる。**サン＝ジェルマン＝ロセロワ**はその名をこのお菓子の創作者カドールのサロン・ド・テに隣接するサン＝ジェルマン＝ロセロワ教会にちなむ。**デリス・デュ・プレ＝カトラン**「プレ・カトランの美味」はガストン・ルノートルとブローニュの森にあるルノートルのレストラン《プレ＝カトラン》自慢のお菓子。セーヌ左岸に移動するためにはかつてクリスティアン・コンスタンの店があったバック通り近くの**ポン・ロワイヤル**「王様橋」を渡ればいい。この界隈ではさらに《ケゼール》の店の銘菓**タルト・モンジュ**も味見できる。これは学生街カルティエ・ラタンの通りの一本に名前をあたえた数学者ガスパール・モンジュとはなんの関係もないが、ビスキュイ・ブルトンにさっぱりとしたクリームを詰め、すぐりの実やグリオット種のさくらんぼうとフランボワーズなどを飾る。なぞなぞ、あるいは宝探しゲームのように、パリの通りには一本一本に自慢のお菓子がある。**シャブロル**、**メディシス**、**サン＝ミシェル**、**ソルフェリーノ**はどのお菓子屋から生まれたかご存じだろうか？

登記簿の偶然

ときには創造的アイディア——形、素材の組合せ——を生み出すよりも、名前をつけるほうが難しく、一時拝借していた名前、あるいは特徴記載コードが永遠に残ってしまうこともある。コワントローで香りをつけたパイナップルとさくらんぼう、バナナの砂糖漬けをビスキュイにはさみ、さらにチョコレートの衣をかけたコンスタンのデザートは、Xの仮称のもとに生まれた。創作直後から「X（イックス）」としてリストに入れられたからだが、記号はYでもZでもよかったのである。しばらくするとこのお菓子にほかの名前をつけるのは不可能になり、単純に「**イックス**」と呼ぶことになった。

あるメセナ、あるいは会社が製菓職人に新たな創作を依頼する。職人はお客を満足させるために、自分の才能のすべてを披瀝するが、とはいっても自分の創作に注文主の名前をつけるわけにいかないこともある。ある夏、新聞社ル・フィガロがコンスタンに、お得意のブラック・チョコレートを使わずに特製菓子を制作するよう依頼した。赤い果物を使ったこのお菓子は最初内輪で「ル・フィガロ用」と呼ばれていたが、そのうち単純に「**ル・フィガロ**」となり、以来、新聞の名称とボーマルシェの『セビリアの理髪師』に登場するあの賢い登場人物の名前がつけられたままになっている。

モンモランシー

アルデショワ

ルリジューズ

イックス

無名を脱する

不幸なことに、インスピレーションとクリエーションだけが、これらメタファーの原則唯一のキーワードではない。非常に競争の激しい世界において、抜け目のない職人は名前の長いリストを商標登録しているので、他人はそれらの名前を合法的には使用できない。登記簿には商標登録のために動きのとれなくなったお菓子の名称があふれている。大プロデューサーが映画化権をブロックしてしまい、そのため映画の撮影ができない小説とちょっと似ている。現在、連想をかきたてる名前にふさわしいお菓子が食べられるのは、職人がお客には想像もつかない闘争過程を経ているからこそなのだ……ジャン＝アンテルム・ブリヤ＝サヴァランはいつも言っていた。「あなたはあなたが食べるものである」

この言葉を連用してブリヤ＝サヴァランにこう言わせてもよいだろう。「きみがどんなお菓子が好きか言いたまえ。きみがどんな人間かを言いあててみせよう」あなたは**ババ**党、それとも**サブレ**党？お菓子はわたしたちががつがつ詰め込むことを夢見るもうひとつの要素の代用品である。それは復活祭の仔羊の寓意であるビスキュイ・ブリオッシュで作られたアルザスの小さい**アニョー**「仔羊」かもしれない。あるいはクレーム・パティシエールを詰め、尼さんの白い襟飾りを思わせるクリームでアクセントをつけたぷっくりとしたシュー、ルリジューズ「修道女」かもしれない。

第二章

お菓子のジャングルで名を成す法

La recherche de paternité

この詩的なジャングルのなかでは、異彩を放ってその他大勢から抜け出し、注目を集めるのは容易なことではない。お菓子のメタファー、合成語、形容詞、品質形容詞をより覚えやすくするには、意外な言葉で食いしん坊の不意を襲って笑わせればよい。反対に固有名詞の場合、長く残って一般大衆に知られるためには、超有名人、歴史上の人物、芸能界のスター、政界の大物などを直接連想させねばならない。しかしながら、お菓子芸術のマエストロ、甘味と風味の職人は、著名なお菓子芸術家の名や、食いしん坊で創意に富むエピキュリアンの名を冠することによって、自作を不滅にしようと望む。あるいは、職人が自らの不滅の才能を信じてもらいたいと望むとき、お菓子には創造者の名前がつけられる。

お菓子界の名士たち

一部の職人にとって、お菓子に自分の名前をつけるのはひとつの保護手段でもある。こうすれば、レシピが傷つけられることはない。少なくともそう期待はできる。このとき、お菓子はその創作者と一体化する。**フロランタン**「フィレンツェ人」は、ジョットを生んだ芸術の都フィレンツェからきたイタリア菓子と思われるかもしれない。でもじつはなんの関係もなく、パリの製菓職人フロランが考案したもの。木の実と砂糖漬けの果物――オレンジ、さくらんぼう、アーモンド、くるみ――に蜂蜜で甘みをつけ、チョコレートで衣がけをしたビスキュイ。名前からはイタリアを連想させるが、オーストリアとドイツで好まれ、シナモンを加えるなどいくつかのヴァリエーションとともに土地のお菓子に同化していったようだ。ひとつのお菓子の親族関係が、とくにそれが人に好まれて世界を巡り歩く場合、きわめて簡単にねじ曲げられていく好例がここに見られる。

旅の菓子、つまり保存がきいて持ち運びのできるお菓子**ボヴィリエ**はすりつぶしたアーモンドに砂糖、卵、小麦粉、バターを混ぜて焼く。パリはムッシュー＝ル＝プランス街の製菓職人モニエが考え出し、偉大な料理人であり、パレ・ロワイヤルのカフェ《ヴァロワ》のシェフ、アントワーヌ・ボヴィリエ（一七五四―一八一七）に捧げた。このお菓子はシェフに対するすばらしい敬意の表明である。

ジュリアン三兄弟のひとりは同じような材料で六角形のお菓子を考案し、美食界もうひとりの有名人を記念して**ゴランフロ**と名づけた。ゴランフロはアレクサンドル・デュマ作『モンソローの貴婦人』の登場人物で、アンリ三世時代の修道士。

もてなし上手の美食家アレクサンドル・デュマは著書『自称ナポリ人健啖家に宛てた料理をめぐる書翰集』で、こう回想している。「ご存じのとおり貴族的な地区、したがって美食家の地区であるフォブール・サン＝ジェルマンのある菓子職人が、パリ全域の優美な食卓で高く評価されたお菓子にゴランフロと名をつけた。ところがところが、ゴランフロはわたしの小説『モンソローの貴婦人』登場人物のひとりなのである」(Alexandre Dumas, *Lettres sur la cuisine à un prétendu gourmand napolitain,* Mercure de France, 1996, p. 26.)

同じ系統では、ジュリアン三兄弟創作の**トロワ・フレール**「三兄弟」を挙げることができる。兄弟は共同で、特別な型――大きな王冠の形をした堂々たるサヴァラン型――を考え出した。この型で焼くお菓子**トロワ・フレール**は、米粉を使った生地にヴァニラで香りをつけて焼き、アーモンドと砂糖漬けのアンゼリカを飾る。

サヴァラン

最初は「ブリヤ＝サヴァラン」と名づけられた**サヴァラン**は、フランス人司法官・美食家、名高き『味覚の生理学、あるいは超越的美味学の瞑想』の著者ジャン＝アンテルム・ブリヤ＝サヴァラン（一七五五―一八二六）に捧げるものとして、一八四五年にオギュスト・ジュリアンにより創作された。ブリヤ＝サヴァランは料理芸術を真の科学の一分野と考え、自ら美食の擁護者となって、手なぐさみにその諸相を描き出した。

お菓子ブリヤ＝サヴァランはやはりこの美食家の名を冠したチーズ、ブリヤ＝サヴァラン（ノルマンディー地方のフォルジュ＝レ＝ゾーで作られる牛乳のチーズ。両大戦間にアンリ・アンドゥルーエによってこう命名された）と同様に、その著書『味覚の生理学』へのオマージュである。ブリヤ＝サヴァランにとっては「教養ある人にして初めて食べ方を知る」のだったが、それでもどうやらオギュスト・ジュリアンにはお菓子にしみこませるシロップの組成の秘密を明かしたらしい。サヴァランはババと同じ発酵生地をリング型で焼き、熱いうちにシロップとラム酒にひたして、クレーム・パティシエールかクレーム・シャンティイを飾る。

Savarin à la crème pâtissière

サヴァラン・ア・ラ・クレーム・パティシエール

バター50gを溶かす．

陶製のボールで，小麦粉125g，塩2つまみ，砂糖15g，卵1個を混ぜる．生イースト5gを水大さじ1に溶かし，この生地に加える．卵1個を加え，なめらかで弾力ある生地になるまでこねる．溶かしバターを加え，全体をこねる．

直径20cmほどのサヴァラン型にバターを塗り，生地を入れて，温かな場所で30分休ませる．

サヴァランを中火（200℃）のオーブンに入れ，25分間焼く．網の上に出して冷ます．
水500cc，砂糖250g，ヴァニラ棒半分で作ったシロップをかける．

クレーム・パティシエールを作る．卵黄3個，砂糖50gを白っぽくなるまで泡立て器で混ぜ，小麦粉100gを加える．温めた牛乳250ccを入れ，火にかけてとろみをつけ，ラム酒5ccを加える．

サヴァランの中央の穴にクレーム・パティシエールを飾りつけ，よく冷やして供する．

幸いなる当選者

ときには政治家も最高位を占めうる。リヨンのパティスリーとケイタリングの専門店《ラ・ポティニエール》はブラック・チョコレートのお菓子に**セナトゥール**「元老院議員」という名をつけたが、これにはとげとげがあって、なぜかハリネズミに似ている。このお菓子はリヨンの元老院議員で市長のフランシスク・コロンに敬意を表する意図で作られた。ラベルには、このお菓子が「元老院議員・市長のご好意ある許可」を得て、店頭に並べられているとある。もし元老院議員・市長がこのちょっと買う気をそぐようなとげとげのお菓子の外観に気分を害していたら、どうなっていただろう？　食いしん坊の市民たちなら、もっとコンセンサスを得やすいお菓子を——第一回投票で過半数を入れて——選んでいたにちがいない。

製菓界の偉人たち

製菓界の偉人たちはほとんど知られておらず、その名前とお菓子がいつもウインドウに並んでいるわけではない。製菓職人であり、歴史家でもあったピエール・ラカン（一八三六—一九〇二）は『製菓の覚書』を書いているが、一八九〇年刊行のその初版は菓子職人すべてにとってのバイブルだ。名高いムラング・イタリエンヌを使うお菓子など多数を創作したラカンは、**パン・ド・ジェーヌ・ラカン**というパン・ド・ジェーヌの一種にその名前が献呈されているのみである。また菓子職人必携の器具、「ラカン式はさみ」にもその名を残している。これはあらゆる種類の生地の装飾に使用される。同様に、製菓の天才、砂糖の建築家、疲れを知らぬ創造者、『ピトレスクな製菓職人』（一八一五）、『王室製菓職人』（一八二五）の著者アントナン・カレームもまた、残念ながら製菓名の歴史に不滅の足跡を残してはいない。もっともラカンの著書に**プロン・カレーム**が見つかる。このお菓子は「夜会かお茶の時間のこってりとしたお菓子」と記述され、ガレットとブリオッシュをみごとに組み合わせたものである。この名前では、おそらくお菓子の味を見るというより絶食をする気にさせたにちがいない。なにしろプロン「鉛」というのだから！

　フランス人美食家、『食卓の古典』の著者、グリモ・ド・ラ・レニエール（一七五八―一八三七。ブリヤ＝サヴァランと並ぶ美食文学者。奇矯な振舞いで有名だが、美食時評やレストラン・ガイドに先鞭をつけた）の親友ルイ・ド・キュシー侯爵の名は「キュシー風」といわれるリキュールをベースにしたお菓子に残る。侯爵はどうやらその秘密を握っていたらしい。お菓子に目がなかった侯爵は、自分の名前をあるプディングにあたえている。**プディング・キュシー**、おそらくパンのひとかけも無駄にしないためだろう！

　パリのサン＝トノレ街の製菓職人シブストはお菓子ではなく、製菓で使用されるクリームの名称を保持している。ヴァニラで香りをつけたこの繊細なクリーム、シブスト（第三章参照）は、伝統的にシブストその人の店の創作菓子**サン＝トノレ**に使用される。異論はあるものの、**サン＝トノレ**は一八四六年当時シブストの徒弟だったオギュスト・ジュリアンの創作だと言われる。**パン・ド・ジェーヌ**を考え出したシェフ・パティシエのフォヴェルなど、この名店《シブスト》では多くの職人・創作者が仕事をした。アーモンドとラム酒、あるいはキルシュ酒のビスキュイを、もともと《シブスト》では**アンブロワジー**「神々の食物」と名づけていたが、一八〇〇年のジェノバ攻囲戦を記念して**パン・ド・ジェーヌ**「ジェノバのパン」と改名した。この街に立てこもった兵士たちはお米とアーモンドを食べて生きのびねばならなかった。五万キロ以上を食べたのである。

名高い美食家、職業は調香師、ドン・チェーザレ・フランジパーニ侯爵は自分の名前を、アーモンド粉ベースのクリーム、フランジパーヌに残している。これはある種のお菓子、とくに**ガレット・デ・ロワ**に使われるようになった。

ウィーンの人びとはそのお菓子で名高い。職人それぞれは、自分の得意菓子で隣の店と一線を画さねばならない。その名を創案者ヨーゼフ・ドボシュにちなむ**ドボシュトルテ**は、ジェノワーズとチョコレート味のクレーム・パティシエールを交互に重ね、カラメルで衣がけをしたお菓子。このカラメルの屋根の上に、泡立てたクリームをぽつぽつと螺旋状にしぼりだし、てっぺんにヘーゼルナッツをひとつ飾る。

これらの装飾法は現在業界で重要視されているだろうか？　偉人の名は広まり、その才能によって広く世に認められる。しかしながら、創作者の名を冠したお菓子はわずかである。それでも、パティスリーとケイタリングの専門店《ダロワイヨー》のお菓子のひとつに**ダロワイヨー**がある。同様に、製菓職人カドゥールは自分の「赤ちゃん」、**プティ・カドゥール**を創った。サブレ生地の台に、オレンジ・ピールを刻み入れたチョコレートのガナシュをドーム型に盛りつけたお菓子。**ルリジューズ**に似たその形は、どことなく人の姿を思わせる。**プティ・カドゥール**は、お姉さん**ルリジューズ**と比べれば慎ましやかかもしれない。

伝統にしたがえば、ある人物の思い出や記憶は記念されるものである。現実には、その創造者の職人芸が広く世に認められてはいても、その存命中に、ある店、ある料理、あるいはまたあるお菓子に敬意が表されることはめったにない。

ザッハトルテ

メッテルニッヒ首相の製菓長フランツ・ザッハは回想録で、甘いものに目のないご主人さまが、新しいお菓子を創作するよう毎日うるさく責め立てた話をしている。

ある日、ザッハは手持ちの材料をすべて混ぜ合わせることにし、トルテを作りあげ、それに自分の名

前をつけた。娘のアンナ・ザッハは帝政下のウィーンでホテルを経営し、父親の創作を無断借用、有名なトルテを創ったのは自分だと言った。

ウィーン一有名な製菓店の支配人クリストフ・デメルもまたザッハトルテの独占権を主張。デメルはフランツの孫エドゥアルド・ザッハからそのレシピを買い取ったらしい。製菓職人デメルはアンナ・ザッハと結婚した。口さがない連中は、有名なレシピをベッドのなかでアンナから奪うため結婚したのだと言った。

それ以来、ウィーンのお菓子屋さんの店先には、二種類の**ザッハトルテ**が鎮座することになる。まもなく激しい論争が起こり、その結果、ホテル・ザッハ派とデメル派、ふたつの陣営が形成されて、裁判で対決の運びとなった。ザッハトルテ裁判は六年の長きにわたり、ザッハ陣営の勝利に終わった。クリストフ・デメルは負けたままでいる男ではなかった。自分の店で「元祖ザッハトルテ」を売り出し、それはいまでもウィーン菓子の聖堂でお客の口に入っている。

スターのお菓子

英仏海峡沿岸の海水浴場トゥルヴィル＝シュル＝メールの製菓店《シャルロット・コルデ》では、あらゆるスターたちが特等席を占めている。製菓職人ジブルデール氏は、新作菓子をスターに捧げ、

Sachertorte

ザッハトルテ

8人～10人前
卵　6個
グラニュー糖　175g
ヴァニラ・シュガー　1袋
小麦粉　100g
ココア　大さじ4
ベーキング・パウダー　小さじ2
溶かしバター　100g
あんずジャム　200g
ブラック・チョコレート　125g
ココナツバター　1かけ

卵6個と湯大さじ6を電動の泡立て器で1分ほど泡立て，ムース状にする．グラニュー糖175gとヴァニラ・シュガーを加え，さらに2分間泡立てる．小麦粉，ココア，ベーキング・パウダーを，泡立て器を最強にして混ぜ込み，均一の生地にする．直径28cmのマンケ型に紙を敷き，生地がなめらかであることを確認しながら流し込む．あらかじめ175℃から200℃に熱したオーブンの金網の上にのせ，30分から35分焼く．
ビスキュイの荒熱がとれたら，横に二等分する．冷ます．

糖衣の準備
あんずジャムをよくかき混ぜる．1枚目のビスキュイにジャムの⅔を塗り，もう1枚を重ねて，もとの形にする．残りのジャムを上部と側面に塗る．チョコレートとバターを湯煎にかけ，ねっとりするまでかき混ぜ，お菓子に塗る．

ザッハトルテ

サヴァラン

演劇関係者や俳優、テレビ番組の司会者、ジャーナリストたちの気まぐれを受け入れさえする。スターたちひとりひとりの自尊心に気を配って、飾り立ててやらねばならないし、ご当人の不意の来店に備えて、名前をつけたお菓子はいつも店先に並んでいなければならない。

お菓子にはスターの好物が使われる。梨とシナモンの**タルト・アントワーヌ**はカナル・プリュス放送局のワイドショー・キャスターであるアントワーヌ・ド・コーヌの食道楽を満足させるために創られた。お菓子のラベル一枚一枚に、スターのサインが印刷してある。アントワーヌの同業者で、友人でもあるカルル・ゼロも自分の自尊心を満足させ、自分だけのお菓子をもちたがった。いまでは、好物のくるみ、カラメル、コーヒー、アーモンドを組み合わせたお菓子**カルル・ゼロ**を味わうことができる。

この店では、すべてのお菓子に物語、逸話があり、ショービジネス、映画、演劇あるいはメディア界からくる忠実なお客にちなんだ名前がつけられている。時代は変わる。

前世紀、お菓子にはオペレッタのタイトルや女優、あるいは高級娼婦の名がつけられたものである。新時代のスターはテレビから生まれる！　**パパディアマンディス**は「パパ」と「ディアマン（ダイヤモンド）」の合成語ではなく、ロックンロール歌手エディ・ミッチェル専属の作曲家ピエール・パパディアマンディスの名字。お好みはヘーゼルナッツのビスキュイを添えたプラリネ。**アンヌ＝マリ**――コーヒー・ムースとムラング――は、むかしむかしの女王さまへの讃辞ではなく、俳優ジェラール・フィリップの娘で女優のアンヌ＝マリ・フィリップに捧げられている。

　もうひとつ別のお菓子にはフランス・アンテール放送局の文化番組のタイトル『**ル・マスク・エ・ラ・プリュム**』がつけられた。この店の常連で、番組のオーケストラ指揮者ジェローム・ガルサンに敬意を表したもの。お菓子は生放送で賞味された。ジブルデール考案・製作のこのお菓子は、番組のタイトル『マスクとペン』にならってふたつの顔をもたねばならず、アーモンド、マカロン用生地、アニスで香りをつけたホワイト・チョコレートのクリームが組み合わされている。しかしながら、すべての製菓職人が《シャルロット・コルデ》のジブルデールのように、詩人であり、創造的で情熱的なわけではない。なにしろトゥルヴィル出身のジブルデールは、お菓子のひとつを詩人ランボーとその詩『**アンプレヴュ**』に捧げ、また別のひとつを『**ドン・ジュアン**』と名づけてモリエールに捧げているくらいだから。

　チョコレート大好きのファッション・デザイナー、ソニア・リキエルは製菓職人クリスティアン・コンスタンの店を訪ねて、いつも同じタルト・オ・ショコラを食べる。夢中になったあまり、それはひとつの強迫観念にまで達したほど。製菓職人の友人であるソニアは、絶対にレシピを変更しないでくれと頼んだ。クリスティアン・コンスタンはパート・サブレの台にチョコレート・クリームを詰め、生のバナナを輪切りにして飾った自作のタルト・オ・ショコラを、**ソニア・リキエル**と名づけることに決めた。

映画もまた夢を見させ、旅に誘う。カンヌ映画祭のとき、ハリウッドの大スターたちは旅をし、カンヌの製菓職人たちは、スター訪問を新作菓子の創作によって永遠に記念する。おそらく製パン室の薄暗がりのなかで、ブランジェ＝バティシエたちは、ジャック・ニコルソンやフェイ・ダナウェイ、あるいは審査委員会の評決とパルム・ドール授与の結果として、『ピアノ・レッスン』とか『男と女』とか『大人はわかってくれない』とかを考えているのかもしれない……

第二章

偉大なる古典

Les grands classiques

製菓職人がクリエーターであるとは言っても、やはりお菓子にはいくつかの古典、老舗の名に恥じぬ店なら必ず手にはいる美食遺産の至宝がいくつか数えあげられる。たとえば**ミル＝フイユ**、**サン＝トノレ**、**ルリジューズ**、**フィナンシエ**、**ババ**、**サヴァラン**、**ディプロマット**、**パリ＝ブレスト**、**アマンディーヌ**、**エクレール**、**クロワッサン**、**サブレ**などである。

一六三八年、ラグノーによる**タルト・アマンディーヌ**創作を振り出しにして、食い道楽好みのお菓子創造年代記を作成できる。一七四〇年にはフランスに**ババ**が到着、次いで十九世紀には、**ムラング**、**ヌガー**、**クロカンブッシュ**の考案とともに、お菓子における偉大な革新者アントナン・カレームの創作が続く。シブスト、コクラン、ストレール、ブルボヌー、ジュリアン三兄弟がそのあとを継ぎ、**サン＝トノレ**、**ミル＝フイユ**、**タルト・ブルダルー**、**ナポリタン**、**モカ**、**サヴァラン**が考案される。

パリの職人ジェラール・ミュロの品書きに並ぶ古典菓子には、**オペラ**、**ミル＝フイユ**、**タルト・ノルマンド**、**タルト・タタン**、**クラフティ**、**ケーク**、**クグロフ**がある。製菓店《ストレール》の古典は、名物の**ピュイ・ダムール**、**ババ**、**シャルロット・オ・フレーズ・デ・ボワ**「野いちごのシャルロット」、**タルト・ブルダルー**、**アリ・ババ**、**タルト・シブスト**である。両者の違いは銘菓をどう考えるかによる。どの製菓店にも自慢の銘菓がいくつもあり、それが店の遺産、歴史の一部を形成する。

クロワッサン
タルト・タタン
ヌガー・ブラン
モカ
ケーク・オ・フリュイ

クロワッサンの歴史

クロワッサンが初めてフランスの宮廷にお目見えしたのは一七七〇年だが、その本当の起源は一六八三年、トルコ軍によるウィーンの攻囲戦まで遡る。このころ、オーストリア＝ハンガリー帝国は強大なオスマン帝国に立ち向かわねばならなかった。クロワッサン「三日月」はオスマン・トルコとイスラム教双方の象徴だった。十字軍の時代、人びとは「十字架」対「三日月」の闘いのことを話したものである。だが、トルコ軍旗の三日月をじっと眺めていた勇気あるパン職人たちのことはだれも考慮に入れていなかった。夜中、パン生地をこねながら、職人たちはトルコ軍が地下道を掘る物音を聞きつけ、それを阻止するためにすぐに軍隊に知らせた。ポーランド王ヤン・ソビェスキはウィーン全都のパン屋＝菓子屋にご褒美として、オスマン帝国に対する勝利を祝うための三日月型のプティ・パンを焼く許可をあたえた！

プティ・パンのすべて——**ブリオッシュ**、**パン・オ・ショコラ**、**クロワッサン**、りんごのショソン——をヴィエノワズリー「ウィーン趣味」と呼ぶのはこのためである。なにしろ最初の**クロワッサン**は食いしん坊お気に入りの都ウィーンで考え出されたのだから。このようにパリのビストロのカウンターで、大急ぎで呑み込むこともある**クロワッサン**は、ようやく十七世紀に生まれたのである。

王妃マリ＝アントワネットによって**クロワッサン**がフランス宮廷にもたらされたのは十八世紀、啓蒙の世紀のこと。現在のバターを使ったフイユテ生地とはまったく違い、ただ形だけが同じだった。パン屋の**クロワッサン**が登場するのは一九〇六年になってから。パリの菓子職人、オギュスト・コロンビエは自分の「ブルジョワ風菓子店」で本物の**クロワッサン**を作り始め、そのあとに多くの職人たちが続いた。わたしたちには年齢がないほど古いように思われるこのパンは、まだ百歳にもなっていない！

パリ＝ブレスト

このリング型のお菓子は、一八九一年、第一回パリ＝ブレスト間自転車レースのときに創作された。トゥール・ド・フランス開始はまだ数年先だが、自転車の長距離レースはすでに大衆の興味を引きつつあった。メゾン＝ラフィットの製菓職人ルイ・デュランの店は、コース沿いのロングイユ大通りにあり、デュランはこのお菓子——シュー生地のエクレールにプラリネを使ったクリームを詰め、スライス・アーモンドをふりかける——の創作を思いついた。

お菓子の輪の形は、はっきりと車輪を連想させる。その少しあと、もうひとつの長距離レースにちなんで**パリ＝ニース**と名づけられた同じようなお菓子は、アーモンドを使わず、クレーム・シブストを詰める。

理想のショーケース

理想的なパティスリーのショーケースには、まず第一に、ブランジェ＝パティシエの守護聖人に捧げられたパリ生まれのお菓子**サン＝トノレ**「オノレ聖人」があってよい。サン＝トノレの名はまた、かつてパリのサン＝トノレ通りに店を構えていた製菓職人シブストにもちなむ。シブストは**サン＝トノレ**に詰めるクリーム、クレーム・シブストを一八四六年にパリで創造した。このクリームはヴァニラで香りをつけたクレーム・パティシエールと非常に固く泡立てた卵白を合わせた繊細なもので、作るのが難しく、またほとんど保存がきかない。現在は、実用性の点から、シンプルなクレーム・シャンティイを詰めるほうが好まれる。

サン＝トノレを創作したのは、一八六三年にシブストの店をとりしきっていたオギュスト・ジュリアンかもしれない。もともとはブリオッシュ生地で作られていたが、現在は土台にブリゼ生地を使い、そのうえに小さなシューを王冠型にぐるっと並べたものでおきかえられている。これと同じシュー生地からは、**エクレール**、**シュー・ア・ラ・クレーム**、**ルリジューズ**が誕生した。

イル＝ド＝フランス地方の製菓職人は、**ババ**、**サヴァラン**、**パリ＝ブレスト**、**ミル＝フイユ**、**ブルダルー**、**ポン＝ヌフ**、**オペラ**、**ピュイ・ダムール**、**サン＝トノレ**を創作している。ロレーヌ地方もまた、**マドレーヌ**と**マカロン**で多産。**サブレ**はノルマンディーからきた。

Saint - Honoré

サン＝トノレ

ふるいにかけた小麦粉125g，卵黄1個，柔らかくしたバター60g，塩ひとつまみ，グラニュー糖15g，水大さじ2でブリゼ生地を作る．生地が均一になったら，冷蔵庫に入れておく．水250cc，バター60g，グラニュー糖15g，塩ひとつまみ，ふるいにかけた小麦粉125g，最後に卵4個をひとつずつそっと加えて，シュー生地を作る．

ブリゼ生地を厚さ2mm，直径20cmの円盤にのばす．バターを塗った天板にのせ，フォークで穴をあけて，縁に卵黄を刷毛で塗る．指ほどの太さの丸口金をつけた絞り袋にシュー生地の⅓を入れ，円盤の縁から3mmはいったところに，輪を描くように絞り出す．この王冠に刷毛で卵黄を塗る．
もう1枚の天板にバターを塗り，くるみ大の小さなシューを20個絞り出す．すべてを中火（最高200℃）のオーブンで約25分焼く．完全に冷ます．

グラニュー糖250gを水100ccとともに145℃に熱して，焦がさぬようブロンドのカラメルを作る．シューをカラメルにひたして，シュー生地の王冠にとなりどうしをぴったりとくっつけて貼りつける．

ゼラチン板4枚を冷水にひたす．牛乳1リットルにヴァニラ棒を1本を入れて沸騰させる．

卵黄6個をグラニュー糖200gとともに白っぽくなるまで泡立てる．そこにコーンスターチ75gを加える．ヴァニラ棒を出した牛乳を注ぎながら，力強く泡立てる．全体を鍋に入れ，泡立て器で混ぜながら沸騰させる．このクリームに水気を切ったゼラチン板を加えて，混ぜる．卵白4個分を泡立てる．クリームを再度沸騰させ，木杓子で混ぜながら卵白に加える．これをお菓子の中央にドーム状に盛りつける．粉糖をふりかけ，グリルで手早く色づける．

供するまで冷所においておく．

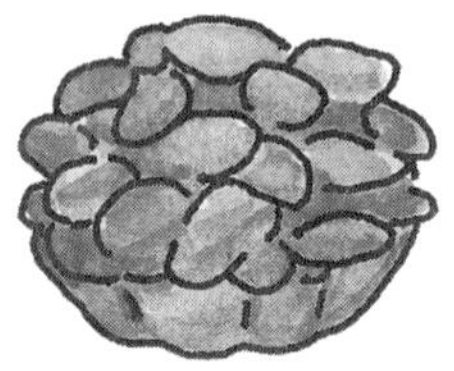

タルトレット・アマンディーヌ

マカロン

ピュイ・ダムール

オペラ

マドレーヌ

ミル＝フイユ

わたしたちの前にあるのはひとつの合成語、ミル「一千」とフイユ「葉」、その厚いフイユタージュを文学的に言い表したものである。このお菓子はパート・フイユテとクレーム・パティシエールを交互に重ね、全体に粉糖をかけて作られる。ギリシア人とアラブ人はすでにパート・フイユテを知っていたが、西欧には十字軍によってもたらされた。その数世紀後、画家――で、もと菓子職人――クロード・ジュレ（通称ロラン）が家に生地をひとかたまり持ち帰り、ふたつに折ってあいだにバターをはさみ、かまどに入れた。つまりフイユテ生地は偶然の産物というわけだ。創作者についてはのちに疑問が呈される。コンデ公のお抱えの製菓職人もまたこの名高い生地の創案者を自称したからである。その後、十九世紀初頭にアントナン・カレームが**ヴォロ＝ヴァン**、次いで**ミル＝フイユ**を創造。**ミル＝フイユ**の軽さはなにも詰めずに焼くことによる。

ババという名はどこからきたか？

最初ババを見たときは、むしろ面食らう。そこに見えるのは、ひとつの海綿、水を含んだ救命ブイ、あるいはトルコ帽、そう、まさにアリ・ババの帽子……

スラブの言葉で「バブカ」は「老女」を意味する。この丸いふっくらとしたお菓子は、ときにはクレーム・シャンティイの重みで腰を曲げていることもあり、その形はロシアのバブーシュカ「おばあさん」の甘い優しさと豊満な姿を表すのかもしれない。

ババは東欧からやってきた。そのふわふわと甘く、柔らかな一面は、ガトー・セックとは反対に、このお菓子を親しみやすくしている。ポーランドでは、復活祭の食卓を飾り、今日でも、聖土曜日（復活祭前の土曜日）に司祭によって聖別される。ポーランドの製菓職人は、よくこれにサフランを溶かしたウォッカを加える。最後に、**ババ**がポーランドでいかに大切にされているかを語る味わい深い逸話をひとつ。かつてババはへこまないように、ふかふかした羽布団にのせられたのだ！

ババ伝説

このお菓子の歴史はわたしたちをロレーヌからポーランドへと導く。ポーランドには、十八世紀を代表する大食漢の王さまのひとり、スタニスワフ・レシチンスキが暮らしていた。スタニスワフ王はお菓子ならなんでも大好きで、自分で捏ね粉に手をつっこむのもいとわない。とくにアルザス名物のブリオッシュ、**クグロフ**には目がなく、朝食に丸ごと一個むしゃむしゃと食べられるほどだった。伝説によると、大好物ではあったのだけれど、**クグロフ**を食べたあと、王さまはいつも喉の渇きを覚えた。王さまはある日、ブリオッシュにアルコールをかけることを思いつき、それがなおいっそう好きになった。当時の王さまの愛読書は『千夜一夜物語』だった。スタニスワフ王は「アリ・ババと四十人の盗賊」を飽きずに読み返した。君主が読むにしては奇妙な物語だが……いずれにせよアリ・ババは盗人のおかげで金持ちになった利口者である！　ここで**ババ・オ・ロム**の歴史になくてはならない人物が登場する。スタニスワフ王の宮廷があったリュネヴィル出身の菓子職人ストレール。ストレールは、発酵生地をアルザスのクグロフ型よりも丈の低い円筒形の型で焼き、このブリオッシュにラム酒をたっぷりとかけ、王さまお気に入りのお話に敬意を表して、**ババ・オ・ロム**「ラム酒味のババ」と名づけた……こうして、アルコールにひたした奇妙なお菓子が誕生。**ババ・オ・ロム**、現在はほぼ二百歳になる。

合い言葉「開けゴマ」はこのお菓子を食べるときにぴったりだ。**ババ**を食べる人の目の前に、ときには思ってもいなかった宝物が出現する。干しぶどう、砂糖漬けの果物、キルシュ酒、あるいはラム酒……アリ・ババの物語を何度も何度も読み返したポーランドの王さまは、そこに自国統治のヒントを見つけだしたのかもしれない！　ストレールは十九世紀初め、パリのモントルグイユ通りに店を開く。一番人気の自慢菓子は**ピュイ・ダムール**、そして……**ババ・オ・ロム**だった。現在もモントルグイユ通り五十一番地にあるこの店は、一八六四年頃、オペラ・ガルニエ座のロビーとパレ・ガリエラの内装が評判となったばかりの画家ボドリによって装飾された。

ババの特徴、それは悪名高き大酒飲み
『あいつの胃袋にゃ、海綿がはいってるんじゃないか？』
人はそう信じかねない！
黒い森のキルシュだろが、第一級のラムのなかのラムだろが、
ババが海綿を腹に入れて底抜けに飲むのを
人は見る。
そう、ババは恥ずかしげもなく酔っぱらう！

フランク・ノアン「ババとガトー・セック」

サヴァラン

一八四五年、オギュスト・ジュリアンにより創作され、高名な『味覚の生理学』の著者に捧げられた**サヴァラン**は、ババ生地で作る大型のお菓子で、干しぶどうは使わない。リング型で焼き、ラム酒かキルシュ酒で香りをつけて、中央のくぼみに砂糖漬けの果物とクレーム・シャンティイ、あるいはクレーム・パティシエールを盛りつける。

ディプロマット

これはサブレ生地で焼いた小舟に砂糖漬けの果物を入れたクリームを詰めて焼き、糖衣をかけて、ビガロー種のさくらんぼうを飾ったお菓子。この名前はプディング・ア・ラ・ディプロマットの略だと思われる。こちらはフィンガー・ビスケットと砂糖漬けの果物で作り、ラムかキルシュで香りをつけて、クレーム・アングレーズを添えて供する。たくさんの材料を使う複雑なお菓子だが、その豊かな味わいをこれ見よがしに誇示はしない。**ディプロマット**「外交官」のイメージ通り、自らの使命を達成するのに必要なさまざまな長所を兼ね備え、周囲のコンセンサスを得なければならないのだから……

ルリジューズ

もともとの**ルリジューズ**「修道女」は、**エクレール**とリング型のシューを重ねたピラミッド型のピエス・モンテのてっぺんのことで、これが言ってみれば修道服を構成していた。そのてっぺんにシューがふたつあり、ひとつは頭、ひとつは身体を表した。**ルリジューズ**にはコーヒー、あるいはチョコレートのクリームが詰められ、身体となる大きい方のシューのまわりに白いクリームを目立つように飾る。これは昔日の修道女たちの飾り襟とその甘いもの好きをたしかに連想させる。

タルトレット・アマンディーヌ

タルトレット・アマンディーヌは一六三八年、パリのラルブル＝セック通りに店を開いていたロースト肉屋兼お菓子屋のラグノーによって考案された。

一八九七年、エドモン・ロスタンは戯曲『シラノ・ド・ベルジュラック』のなかで、観客に**タルトレット・アマンディーヌ**のレシピを明かした。

卵をいくつか
ふんわりと泡立てよ
ふんわりのなかに
第一級の檸檬の汁を混ぜ入れよ
そのなかに注げよ
甘巴旦杏の美し乳を

フラン生地をタルトレット型の
円盤に入れ、
すばやい指先にて、
側面に杏のジャムをひと塗り、
小さなしずくをひとしずく

穴にさっきのふわふわを入れ、
それからこれをかまどに入れ、
金色になったれば、
一列になってつぎつぎと陽気にお出ましは
タルトレット・アマンディーヌでございい！

エクレール

天才菓子職人アントナン・カレームが最初にこのお菓子を創った。カレームはこれにチョコレートやコーヒーではなく、カラメルで衣をかけた。古典的なシューを長くのばした形にしたのはこれが初めてだった。**エクレール**「雷光」というその名が示すように、あっという間にひと口で食べるものである。

フィナンシエ

フィナンシエ「金融家」は見てくれにはこだわらず、その名とは裏腹に質素な様子をしている。気どりのない小さなお菓子で、長四角の形と金ののべ棒色にもかかわらず、慎ましやか。証券取引所近くのサン=ドゥニ通りに店を構えた菓子職人ラヌが、食いしん坊のフィナンシエたちが背広を汚さずすばやく食べられるように、このお菓子を考え出した。一八九〇年刊のピエール・ラカン著『フランス菓子覚書』に記されている。

甘くふっくらととろけるような**フィナンシエ**は、かじれば歯の欠ける正真正銘の金ののべ棒とは似ても似つかない。その名前から、わたしたちはそれをあっという間に平らげるよりも、大切にため込んでしまいがちである。しかし**フィナンシエ**は自分の手札をうまく隠している。これは**プロフィトロル**のように、内面に宝を隠し持つのである。

Profiteroles au chocolat

プロフィトロル・オ・ショコラ

天板にしぼり袋で，小さなシューを2ダース，くるみ半分の大きさに丸く絞り出す．卵黄を刷毛で塗り，ちょっと乾き気味にして焼く．荒熱がとれたら，紙を円錐に巻いたしぼり袋を使って，ヴァニラで香りをつけたクレーム・フランジパーヌを詰める．皿にフランジパーヌを敷き，そのうえにシューを山型に盛りつける．皿をオーブンの入口におく．プロフィトロルが充分に温まったら，ヴァニラで香りをつけた熱いソース・オ・ショコラ（チョコレート・ソース）をかける．プロフィトロルが輝くようなショコラでおおわれるように，ソースはかなり煮詰めておく．別にショコラだけの，あるいはクリームを加えたソースを添えて食卓に出す．

ウルバン・デュボワ『古典料理』のレシピより．

プロフィ「心づけ」とプロフィトロル

プロフィトロルという名はもともと「ちょっとした心づけ」を意味する。この言葉は「利益(プロフィ)を出す」生地、つまり焼いているあいだに膨らむ生地を指すのに使われた。デザートとして出される前は塩味で食された。現在もある変種のひとつはブルゴーニュで食べるチーズ味のグジェールである。**クロカンブッシュ**やさまざまなピエス・モンテのような洗練されたお菓子のベースとなる**プロフィトロル**、原型はシャンティイかアイスクリームを詰め、チョコレートかコーヒーのソースをかけたものだった。**フィナ**

ンシエと**プロフィトロル**の中間に位置する小さなお菓子もひとつ挙げておく。ジュール・グフェが一八七三年刊の『お菓子の本』で触れている**プティ・フォルテュネ**「小さな財産家」である。これはふっくらとした一種のババで、アーモンドを詰め、てっぺんに砂糖漬けのさくらんぼうを飾る。

フラン

現在はとても慎ましい**フラン**も、かつては甘味よりもむしろ塩味がつけられ、王の食卓にもふさわしいものだった。現在は、たいていヴァニラの香りをつけたクレーム・ランヴェルセに、ときには干しプラムあるいはさくらんぼうなどの果物で味を添える。**フラン**は熱いものを食べるのが習慣だったから、この言葉はまずラテン語の「フランド」――「吹く」という動詞の分詞形「吹きながら」――から派生した可能性がある。さらに、「クレープ」「ガトー」あるいは「ガレット」を意味するフランク語の「フラド」も考えられる。もうひとつの解釈は**フラン**を、基本材料である牛乳の一大産地フランドルと関連づけるものである。十九世紀以降には、砂糖漬けの果物とシャンパンを使う高級なシャンパーニュ風フランのレシピの記述が見られる。

おそらくぷよぷよとしてあまりダイナミックとは言えないその外見ゆえに、庶民の言葉には「フラン」という単語を使った比喩的表現や言いまわしがたくさん見つかる。たとえば「フランで払うよ」は、はした金の支払いを意味するが、それはおそらくはこのお菓子の商品価値が低いせいだろう。同様に「フラン引き」は怠け者の兵隊、ある状況を前にして逃げ出す人のことで、フランのぷよぷよした面を暗示する。あるいはまた「これはフランだ」は「これははったりだ」。「二個の丸いフランのようにとどまっている」はびっくり仰天して腰を抜かすことを意味する。

マドレーヌ

裏面に縦の筋がはいり、オレンジかレモンの甘い香りがするこの丸くてぷっくりとしたお菓子、コンブレーではマルセル・プルーストを夢の境地に誘ったが、ポーランド王のコメルシー滞在のさい、マドレーヌ・ポミエが創作したものである。**マドレーヌ**はアントナン・カレームの創造と言う人も、タレーラン邸出入りの菓子職人アヴィスの創作と言う人もいる。

マカロン

すでにイタリアではとても流行していたこのお菓子を、カトリーヌ・ド・メディシスがフランスに

Madeleine de Commercy

マドレーヌ・ド・コメルシー

バター150gを木ベラでポマード状にする．グラニュー糖200gを加え，よく混ぜる．

全卵6個を1個ずつ加え，続いてふるった小麦粉200g，ベーキング・パウダーさじ1，オレンジの花水小さじ1を加える．

マドレーヌ用天板にバターを塗り，軽く小麦粉を振っておく．

生地を天板のくぼみに入れ，200℃のオーブンで約10分間焼く．型から取り出して，網の上で冷ます．

知らしめた。**マカロン**――イタリア語で言えば「マッケローネ」――を、すぐにフランスの多くの都市が創るようになった。マッケローネは「薄い生地」を意味し、のちにここから「マカロニ」の語ができる。古い製法では泡立てない卵を使う。そうするとアミアンの**マカロン**のようにしっとりとしているが、少々重めの菓子ができる。

プロフィトロル・オ・ショコラ

フラン

クロカンブッシュ

サブレ

サブレはノルマンディー地方のサブレ＝シュル＝サルト、あるいはリジューで誕生したのだろう。しかし一八五二年以後は、カアン、トゥルヴィル、ウルガートなどノルマンディー全域で見られ、大量生産されて、フランス全土に発送されている。リトレ辞典の定義を見れば「砂のようにぼろぼろと砕けやすいサブレ生地で作るノルマンディー原産の小さなガトー・セックにつけられた名称」とある。お菓子の歴史家ピエール・ラカンは一八九〇年ごろにこう定義している。「これが流行のお菓子である。ウルガートやトゥルヴィル帰りのご婦人方はのたまう。**サブレ**がないなんて、このお店、品揃えが悪いわねえ、と……」続いてラカンは五種類のサブレのレシピ——トゥルヴィルのサブレ、ウルガートのサブレ、オレンジの花水で香りをつけたサブレ・ア・ラ・モード、サブレ＝シュル＝サルトのサブレ・ド・サブレなど——を列挙している。もしかしたらこのバター風味のお菓子は、お茶の時間にブドワール「閨房」でサロンをよく開いたサブレ侯爵夫人へのオマージュとして、こう名づけられたのかもしれない。

第四章

聖なるものとお菓子

Le sacré et les gâteaux

典礼暦、禁忌、宗教祭事が現代においてもなお、お菓子屋の店先に並ぶお菓子の種類を左右する。大部分の消費者が**ガレット・デ・ロワ**「王さまたちのガレット」の起源やいわれを知ろうとはしなくても、お菓子の形そのもの、季節の暦、そしてわたしたちの食卓は宗教祭事によって区切りをつけられている。

ユダヤ＝キリスト教的伝統では、食品はつねに体験、とくに霊的高揚の状態を表現し、等級づけるのに使用されてきた。

製菓職人の同業者組合が組織されたのは、**ウブリ**という小型のゴーフル（ワッフル）と教会からの聖体用パンの注文のおかげである。製菓業の発展は、宗教行事のためのさまざまなお菓子作りによって支えられてきた。

修道院とお菓子

「大食の罪」は七つの大罪のひとつで、よく「あいつは大食の罪を犯した」などと言う。ところがこれとは矛盾するが、わたしたちの調査に繰り返し登場する名前は、聖職者に関係することが多い。宗教共同体は、修道士のものだろうと修道女のものだろうと、今日でもなお料理における伝統を象徴し、その伝統にはいまだかつて明らかにされたことがないという秘伝の製法がつきものだ。美食の領域で言えば、三種の製品——チーズ、酒、そして……お菓子——の製造に関する知識について、各地の修道会に優るものはない。

尼僧院や修道院のなかでは、男も女も内観、省察、叡智という偉大なる特質を備えているべきだが、同時に自立し、実際的であり、開墾者、建築家、耕作者、生産者でなければならない。また外の世界に対して思いやりを見せ、食卓に客人を迎える術を知っている必要もある。十八世紀以来、ガトー・セックやベニエを製造し、訪問客に提供する修道院が多く見られるようになった。したがって修道院は制約を受けながら、しばしばわずかの材料をベースに考案・創造し、地方料理を推進したのだった。また、地元のものや異国伝来の植物、多様な果物、野菜についての知識にも熟達していた。

マカロン

マカロンははるか十三世紀の昔、アジアから運ばれてきたアーモンドの積み荷とともにヴェネツィアから到着した。このお菓子は、ナンシーに住み着いたふたりのカルメル会修道女によって、十八世紀のフランスで大成功をおさめることになる。カルメル会の尼僧たちはアーモンドの木を栽培し、十七世紀初頭以来、サン＝サクルモンの修道院の**マカロン**のレシピを秘蔵していた。アヴィラの聖テレジア（スペインの修道女。カルメル会の改革者）はこの修道女たちのことをこう言った。「アーモンドはお肉を食べないこの娘たちのた

めにいいのです」

一七九二年、憲法が修道会を廃止したとき、カルメル会修道女のふたり、ガイヨ修道女とモルロ修道女は一生懸命にお菓子を作って、ラ・アッシュ通りの医師宅で受けた親切にお礼をした。コルムリーの修道院もまた**マカロン**を作っていたが、伝説によると、冗談たっぷりに、ぽってりふとった修道士のおへその形に作っていたという！（Claudine Brécourt-Villars, *Mots de table, Mots de bouche*, Stock.）

ロレーヌ地方の修道女たちはとても食いしん坊だった。なぜならば聖マリア訪問会もまた、おそらくは経済的理由から、卵白、アーモンド粉、砂糖、小麦粉、梨の蒸留酒を材料にして、この丸いお菓子を製造していたからだ。現在、**マカロン**は、言うなればフランス各地で流派を形成しているようなものである。多くの都市が独自の製法をもち、それぞれ正当性を主張する。もっともよく知られているものには、サン＝テミリオンのマカロン、サン＝ジャン＝ド＝リューズのマカロン、パリのマカロン、ニオールのマカロン、モン＝モリヨンのマカロン、ボルドーのマカロンがある。変種は数え切れないほどだが、レシピの基本——アーモンド、卵白、砂糖——はいつも変わらない。

食道楽の修道会

フイヤンティーヌはパリに本拠をおいた修道会「フイヤン会」の修道女のこと。訪問客をおやつの時間に迎えて、自分たちと同じ名前「**フイヤンティーヌ**」をもつ自慢菓子でもてなすというすてきな習慣をもっていた。これはフイユテ生地で作る長方形のお菓子で、その白っぽい色だけからもフイヤン会の修道服が連想される。**ユルシュリーヌ**「ウルスラ会修道女」は流行遅れとなった小さなお菓子で、ブリゼ生地とアーモンドを加えたクレーム・パティシエールで作るが、これもまた十六世紀創設の修道会ウルスラ会が発想の源だった。

ある疑問が残る。もともとの製法は修道会内部で考え出されたのだろうか？　会は現在では忘れられていたかもしれない製法をみごとに保存し、巧みに再現してきたのだろうか？

Macarons de Nancy

ナンシーのマカロン

マカロン100個分
アーモンド　250g
卵白　6個
砂糖　150g
水　大さじ2
砂糖　150g

アーモンド250gの薄皮をむき，卵白6個とともに粉々に砕く．
砂糖150gと水大さじ2でシロップを作る．

これを沸騰させ，荒熱をとって，アーモンドと卵白をそっと混ぜ込む．
砂糖150gを加える．

丸口金をつけたしぼり袋で，バターを塗った紙の上に小さな完全な円を絞り出す．

200℃のオーブンで約20分間焼く．オーブンから出し，すぐに紙の下にコップ1杯か2杯の水を注ぐ．

紙からマカロンをはがして，ふたつずつはりあわせる．

これら楽しいお菓子の名前は、さまざまな修道会の多様な修道服や僧服、帽子などの形、色を連想させる。南仏原産のお菓子**ジェジュイット**「イエズス会士」はこの修道会の帽子の形を再現している。これはクレーム・ダマンドをベースにした長方形のフイユテ菓子。学問をむねとするイエズス会士たち同様に、**ジェジュイット**もたしかに衒学的なお菓子なのだろう。

マンディアン「托鉢修道士」は一見したところ、托鉢修道士に喜捨するためのこってりとした高カロリーのデザートに見える。しかし、もともとは**カトル・マンディアン**「四人の托鉢修道士」と呼ばれ、四種の乾燥果物、レーズン、ヘーゼルナッツ、アーモンド、イチジクを取り合わせたもの。その四色が四つの托鉢修道会、アウグスチヌス会（濃い紫）、カルメル会（茶）、ドメニコ会（白）、フランシスコ会（灰）の僧服を思わせる。

ウィーンとオリエント

ウィーンは、駆け出しのお菓子民族学者にとって理想的な都市であることが判明した。パン屋＝お菓子屋は数多く、古い伝統が尊重され、お菓子を味わえる場所はたくさんあって快適だ。ウィーンの人びとは、気が向けば**パン・デヴェック**「司教のパン」――スミルナ・レーズン、コリント・レーズン、皮をむいたアーモンドで作る密度の高いこってりしたお菓子――を食べることができる。同じような種類でいくのなら、**ガトー・デ・カルメリット**「カルメル会修道女のお菓子」。しかし軽いお菓子を味わいながら、不可視に到達し、瞑想の準備をしようとすれば、**ガトー・デ・ザンジュ**「天使のお菓子」が神秘的な恍惚状態に達するために指定されているように思える。その材料——小麦粉、塩、ヴァニラ砂糖、クレーム・シャンティイ——は白を優先しているのだから。

東方のお菓子では、わたしたちはそうとは知らぬままに、砂糖と蜜を基本とした小枝型のお菓子**シュヴー・ダンジュ**「天使の髪の毛」を味わう。ルーマニアでは、ねじり棒の形をした蜂蜜のお菓子、**ランジュ・デュ・セニュール・ジェジュ**「主イエスの産着」をがぶりとやり、お祈りのためにひざまずく。お茶の時間には、**プロフェット**「予言者」に食欲をそそられる。この軽いお菓子はバター、生クリーム、シナモン、レモンでできている。

ライン川対岸のお菓子に一瞬足を止めれば、興味深い宗教的呼称が目にとまる。しかし、ドイツ人菓子職人は、細部、たとえば教皇儀式における司祭の典礼用かぶりものなどに、よりこだわっていることがわかる。あるお菓子には**プファッフェンヒュッチェン**「お坊さまの帽子」という名前がついている。またフイユテ生地を長くねじり、粉糖をまぶした**サクリスタン**もある。これは教会の建物と儀式用具の世話をする係サクリスタン「聖具室係」、あるいは黒い森に建つバロック様式の教会のねじれた柱を思わせる。このように次々と生まれるメタファーは修道会をあふれ出し、聖具室係のような教会のもっとも慎ましい僕（しもべ）とも、司祭のような重要な責任者とも結びつくのである。

説教師の時代

偉大な説教師たちはその一連の説教、お話のうまさ、そして著述で名高い。もっとも有名な人としては、ブルダルー（一六三二―一七〇四）、フェヌロン（一六五一―一七一五）、そして追悼演説が得意のボシュエ（一六二七―一七〇四）、マシヨン（一六六三―一七四二）がいる。これらの聖職者、公的人物、偉大な作家たちは古典主義の時代を画してきた。グリモ・ド・ラ・レニエールの言葉を借りれば「よき製菓職人はよき説教師ほどに数が少ない」のだ。**マシヨン**は小舟型のシュクレ生地にヴァニラで香りをつけたパート・ダマンドを詰めて焼き、砂糖で衣がけをしたもの。説教師の生地イエールで創作された。

もっとも高く評価されているお菓子、フランスのどんなパン屋兼お菓子屋にもあるお菓子、七歳から七十七歳までの人びとに一番人気のあるお菓子、それは**ルリジューズ**だ。ぽってりした簡素なシューに、小さなシューの帽子をのせたもの。**エクレール**と同様に、シューのなかにはコーヒーかチョコレートで味をつけたクレーム・パティシエールを詰める。よく言われるように、その特徴は大きい方のシューのまわりをとり巻く白いクリームで、この襟飾りを見れば間違いなく修道女の服が頭に浮かぶ。けれども人のよさそうなふっくりしたおなかを見せる全体の穏やかで柔らかな形は、育み養う母のイメージをみごとに表現している。

ルリジューズは、古くはシュー生地の菓子を重ねて作るピラミッド型のピエス・モンテだった。この建造物のなかに尼僧の修道服のひだを読みとることもできただろう。

修道院の密やかな生活を追えば、**ペ・ド・ノンヌ**「尼さんのおなら」、またの名を**スピール・ド・ノンヌ**「尼さんのため息」を味わうこともできる。これは甘いシュー生地の小さな揚げ菓子で、伝説によると、マルムティエ大修道院のアニエス修道女が偶然に創り出したとか。少量の生地を熱い脂のなかに誤って落としたのだという。

タルト・ブルダルー

有名な**タルト・ブルダルー**はポワール・ア・ラ・ブルダルーの名のほうでより知られているが、一八二四年、パリのブルダルー通りに店を構えた製菓職人ファスケルの創案である。この通りは九区にあり、ロレットの聖母教会に隣接する。イエズス会司祭ルイ・ブルダルーはまさにこの教会で、果てしなく続くお説教をしたものだった……その長いことといったら、我慢しきれなくなった信者たちがちょっとひと息つくために教会を出たりはいったりしたほど。賭けてもいいが、もしこの信仰の場の向かいにお菓子屋があったら、信者たちもお説教よりタルトを味わう方がいいと思ったにちがいない。信者たちの弱さを非難することなどできようか！

その一世紀後、お菓子屋がなかったというこの怠慢の罪を、製菓職人ファスケルが償った。それ以来、**タルト・ブルダルー**は名高い説教師とそのお説教への賛歌となった。お菓子は神の言葉のように、フランスの各地方に広まり、高く評価されたので、職人たちは違う果物を使うことによって、味覚の歓びを多様化した。というわけで桃、パイナップル、あんずがときにはもとの梨を王座から引きおろす……

Gâteau Bourdaloue

ガトー・ブルダルー

8人前として
ブリゼ生地　350g（サン＝トノレの項参照）
シロップで煮た大きめの梨　4個
砕いたマカロン　15g
粉糖

クレーム・フランジパーヌ
　グラニュー糖　125g
　アーモンド粉　125g
　バター　100g
　クレーム・パティシエール　270g（サヴァラン・ア・ラ・クレーム・パティシエールの項参照）
　卵　2個
　コーンスターチ　大さじ1
　ラム酒　大さじ1

耐熱の型にバターを塗る．バターが固まったら，小麦粉をふる．

クレーム・フランジパーヌを作る．小さなボールにバターを入れ，電動の泡立て器でポマード状の固さまで柔らかくする．アーモンド粉，グラニュー糖，卵を加え，泡立て器を中程度の強さにして混ぜ合わせる．種はなめらかでふんわりとしていなければならない．最後にコーンスターチとラム酒を混ぜ，冷たいなめらかなクレーム・パティシエールを，かき混ぜ続けながら少量ずつ混ぜ入れる．

型にブリゼ生地を敷き込み，クレーム・フランジパーヌを流し入れる．梨を半分に割り，並べる．砕いたマカロンでおおって，200℃のオーブンで約45分間焼く．

祈りの場所

聖なる場所もしばしばお菓子のモデルに使われる。たとえばマルセイユでは、聖母マリアのお潔めの祝日（二月二日）のとき、職人が長方形の小さなお菓子**ナヴェット**「杼（ひ）」を作る。このお菓子からは、マルセイユの古い聖ヴィクトール大修道院の身廊（ネフ）が思い浮かぶ。教区民はこのお菓子を修道院の前でミサのあとに買うからだ。**ナヴェット**の小さな舟の形はレ・サント＝マリ＝ド＝ラ＝メール（南仏カマルグの港町。「海の聖マリア」の意。毎年五月の巡礼時にふたりの聖女、マリ・サロメとマリ・ジャコベの像を乗せた小舟を担いで海辺まで運ぶ）の小舟を連想させる。一年間ずっとお守りいただくためには、一ダースほど用意しなければならなかった……この習慣はプロヴァンス全域によく見られるものである。

自分の職能がもつ神聖な意味を自覚する職人たちは、内省をうながすような名をお店につけることもある。一九〇六年、十五区に開店したパン屋は《ムラン・ド・ラ・ヴィエルジュ》「聖母の水車小屋」という名である……

お菓子暦*

ブランジュリー＝パティスリーの増加のおかげで、わたしたちの食い意地は日々満足させられる。しかしながら一年中**ビュッシュ・ド・ノエル**「クリスマスの薪」を食べたいと望んだりすれば、美食戦士の歩むべき道は遠くなる危険がある。**ビュッシュ**はクリスマスのあいだはショーケースの前面に並び、そのあと目立たぬようになって完全に姿を消し、翌年、大挙してもどってくる。それからちょっと苦い思いとともに、ふたたび**ガレット・デ・ロワ**に道を譲るのである。

主要な宗教では、自然、季節、農作業における変化が、一年を通じて歓楽の機会を提供する。預言者の誕生、新年と農事年の始まり、光の祭り、それぞれの宗教の記念祭、歴史的な祭り、再生、復活、甦りなど、三大一神教はつねに大きな宗教的行事を異教の儀式と融合させてきた。一週間のうちには必ず静寂、休息の一日があり、口の楽しみ、甘いもの、お菓子を自分に許してよい。断食と禁欲、そしてごちそういっぱいの華やかな宴会で一年のリズムが刻まれる。

＊訳注　フランスの祝祭日にはキリスト教の祝日が多く残っている。新年は一月一日だが、この日に宗教的意味合いはない。フランスの典礼暦は待降節の第一日曜日に始まる。

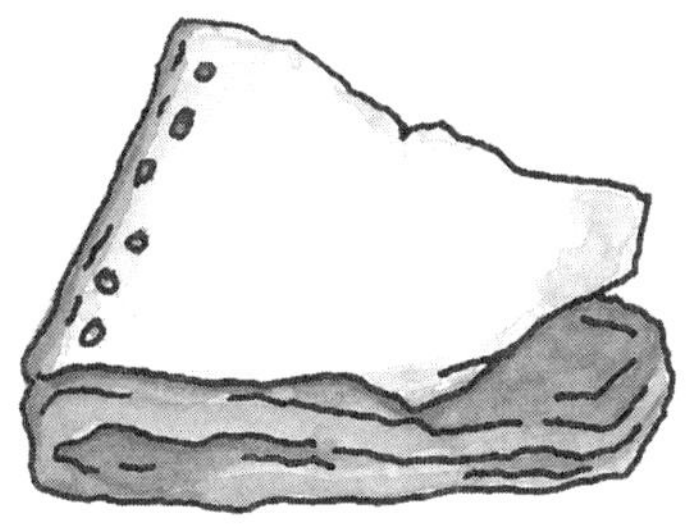

ジェジュイット

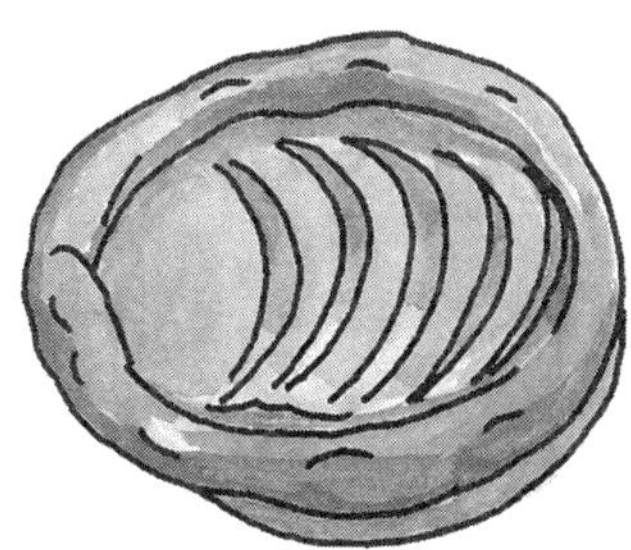

タルト・ブルダルー

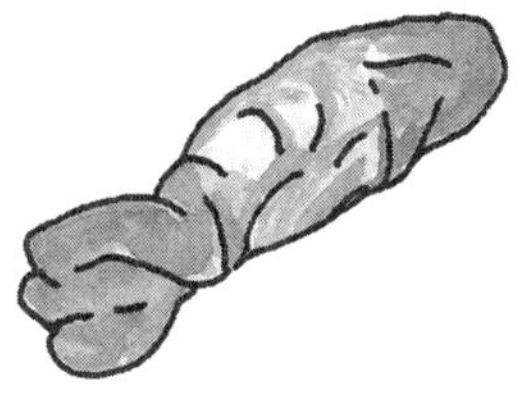

サクリスタン

待降節	クリスマス前の四週間。
ノエル（クリスマス）	十二月二十五日。
公現祭	一月六日。東方三王がキリストに礼拝した日。
聖母マリアの御潔めの祝日	二月二日。モーゼの律法で、男児を生んだ母親は四十日間不浄と考えられていたので、この期間が過ぎたあと、子供を聖堂に捧げて御潔めをした。
肉食の日曜日（ディマンシュ・グラ）	四旬節直前の日曜日。
謝肉祭（カルナヴァル）	四旬節の第一日目（灰の水曜日）に先立つ三日間。
告解火曜日（マルディ・グラ）	カルナヴァル最後の日。四旬節前、最後に肉食の許される日。
灰の水曜日	四旬節の第一日目。復活祭から逆算して決められる。
四旬節	灰の水曜日から復活祭前日の聖土曜日までの日曜日を除く四十日間。この間、肉食は許されない。
枝の主日	復活祭直前の日曜日。キリストのエルサレム入城を記念する。
聖金曜日	キリストの命日。
聖土曜日	復活祭の前日。
復活祭	春分後最初の満月の次の日曜日。
昇天祭	復活祭の四十日後。

聖霊降臨祭　復活祭後の第七日曜日。聖霊が使徒に降臨したことを祝う。

クリスマスと新年

暦のサイクルがなによりも重要だが、正確な日付にはそれほど厳格になる必要もないことは明確にしておかねばならない。お祭りの暦は歴史を経るあいだにつねに変化してきたし、現在でもなお変化する可能性はある。ケルト人にとって新年は十一月一日に始まった。ローマ人にとっては三月二十五日だった。シャルルマーニュは新年を十二月二十五日に決め、それが一月一日に固定されるには一五六四年、シャルル九世による王令を待たねばならない。これ以降、冬至はクリスマスの前にくることになり、クリスマスは新年のほんの数日前に祝われる。

アルザスとドイツで作られる**ブレッツエル**はこの宗教的混合主義の完璧な一例である。中世には冬至に作られ、そのために太陽を思わせる円形をしている。中央部分は四季とそしてキリスト教のしるしである十字架を象徴するためによじられる。塩、あるいはクミンシードを振りかけて新年の贈物にされた。

ベルギー、オランダ、フランス北部と東部では、子供たちは聖ニコラスの日、十二月五日から六日にかけての夜を心待ちにする。この日、子供たちの木靴にはプレゼントとお菓子が入れられる。司祭冠をかぶった聖人ニコラスの形をして、砂糖をまぶした**パン・デピス**がパン屋さんで売られることも多い。聖ニコラスは司教だった。ときにはロバを連れ、贈物をもっている。子供たちはこの日、聖人の徳の一部をむしゃむしゃとやるわけだ。この時期は象徴的なお菓子にはぴったりで、人はお祭りのデコレーションの一部――**ビュッシュ**、**ギルランド**――あるいはキャンディー類を食べながら、もっとも重要な時を待つ。

ギルランド・ド・ノエル「クリスマスの花綱」はまた別のお菓子で、こってりした大量の果物（砂糖漬けのさくらんぼう、アンゼリカ、パイナップル、乾燥梨、干しあんず、スミルナ・レーズン、マラガ・レーズン、コリント・レーズン、アーモンド、くるみ、スパイス、蒸留酒）を使うためにとても甘くなる。このお菓子はクリスマス当日のデコレーションにされる。フランス北部では、鐘楼のてっぺんから貝の形をした小さなブリオッシュを放り投げる。そのなかには、産着でくるまれたテラコッタの小さな子供が隠されていて、救世主誕生を告げるのである。

プロヴァンスの名物、**クリスマスの十三種のデザート**はリムザン地方にも見られ、かつては十三個の小さな丸パンで構成されていた。中央の一番大きなパンがキリスト――残りの十二個が使徒を象徴する。小さなパンは深夜のミサを待つために、食卓の周りに並べられた。現在では、**クリスマスの十三種のデザート**は、ポンプ・ア・リュイル（オリーブ油を使用したガレット）、レーズン、マルメロのゼリー、カリソン、ヌガー、フガス（ブリオッシュ生地のガレット）、砂糖漬けのセドラ（レモンの一種）、くるみとヘーゼルナッツ、梨、ブリニョルのすもも、干しいちじく、アーモンド、なつめやしで構成される。「ポンプ」という言葉は「礼拝行進、行列」を意味するプロヴァンス語の「ポンパ」から派生したのだろう。

ビュッシュ・ド・ノエル

クリスマスはなんと言ってもまず子供が主役のお祭りであり、家族そろっての食事が中心となる。晩餐は散らばった家族が集まり、話をかわす機会である。それはまた高級な美食の舞台でもある。花綱と玉飾りをつるした樅の木、食卓のろうそく、光であるイエス・キリストの誕生を祝うキリスト生誕群像。装飾は光輝き、それは毎年ほとんど変わらない。食事のあとは、真夜中のミサを眠らずに待つのが伝統だ。そのあいだ、家族はひとりひとりが自分のビュッシュ「薪」をもって火のまわりに集まる。歴史家であり製菓職人でもあるピエール・ラカンは薪の形をしたお菓子を作った。都会のマンションでは続けていくのが次第に難しくなっている伝統を、現在、人びとは**ビュッシュ・ド・ノエル**という形で、そのいわれを知らぬままに口にする。それを自然よりもなお本物らしく見せようと、製菓職人たちは飾りを競い合う。木屑、雪、キノコ、葉っぱ。こびとの木こりがパート・ダマンドの鋸で一生懸命に木を切っている。

Bûche aux marrons

ビュッシュ・オ・マロン

オーブンを中火（180℃程度）に熱する.

22×24cmの菓子缶のふたを2枚用意する．硫酸紙を四角く切り，それぞれのふたに敷く．紙とふたの縁にバターを塗る.

小麦粉125g，卵4個，砂糖125gでジェノワーズを準備する．縁と生地のあいだに2cmほどの間隔を残しながら，ぬらした金ベラで生地を紙を敷いたふたにのばす．すぐにオーブンに入れ，25分間焼く．ふたをオーブンから出し，布巾の上にあけて，ただちに紙をはがす．別の布巾でおおって冷ます.

シロップを作り，ラム酒かヴァニラで香りをつける.

クリのクリームの準備
　バター225gをへらで柔らかくし，マロン・クリーム450gとラム酒大さじ2を加える．6分から8分泡立てて，ふんわりさせ，ふたつに分けておく.

2枚のジェノワーズにラム酒で香りをつけたシロップ200ccをしみこませ，クリのクリームの半量を塗る.

マロン・グラセのくず100gを散らす.

2枚のジェノワーズを並べ，まず1枚目をぎゅっと巻く．2枚目をそのまわりに巻きつけ，端を斜めに切る．これを少量のクリームでビュッシュの上に貼りつけ，年輪を表現する.

冷蔵庫に1時間入れる.

残りのクリームをもう一度柔らかくし，ビュッシュ全体に塗りつける．フォークの先で筋をつけて樹皮を表す.

ふたつに割ったマロン・グラセ8個を飾り，再度冷蔵庫に入れる．供する前に，粉糖を軽く振る.

クリスマス・プディング

冬の初めのお菓子は、それまでの季節に育てた豊かな果物を有効に利用する。それは豊穣、喜捨、共有の象徴だ。またのちに東方の三王によってもたらされたスパイスも使われる。この伝統は英仏海峡の向こう側、イギリスに見られる。**クリスマス・プディング**はクリスマスの少なくとも八週間前には準備しなければならない。砂糖漬けの果物、オレンジ、レモン、さくらんぼう、さまざまな干しぶどうをコニャックや、シェリー酒、マデイラ酒、そしてビールにも二日間浸ける。このお菓子は、フランスの**ビュッシュ・ド・ノエル**同様に、イギリスではまさに社会制度そのものだ。あるイギリス人の友人はこんな話をしてくれた。パリの有名ホテルで料理人をしていたとき、作る気のおきない料理を注文されたり、つまらない質問をされたりすると、こう答えることにしていたという。「無理です、時間がありません。クリスマス・プディングにかからねばならないので」邪魔者にお引き取りいただくうまいやり方ではある……

ローシュ・ハシャナとムハッラム月

ユダヤの伝統では、ローシュ・ハシャナが新年を意味する（九月の新月。新年に向けて、人びとの運命が決まるとされる）。このとき食卓はひとつの祭壇と考えられる。食事を構成する食品は、来るべき年への大きな期待にふさわしいものでなければならない。それらは豊かで、同時に蜜をかけたりんご、なつめやしの実などの甘さに満ちている。ブリオッシュ生地のパン、**ハラ**は新年の食卓のためには砂糖を加えて甘く作るが、一年の残りの期間は塩味で食べる。また形も違う。新年の**ハラ**は王冠の形で、天上と地上にある神の王国を連想させる。地方によっては、高みに昇るのを可能とするはしご、あるいは鳥を象徴することもある。ローシュ・ハシャナは食卓に多種多様のデザートが並ぶときでもある。

イスラム教徒の元日は陰暦ヒジュラ暦ムハッラム月一日である。これはまた預言者マホメットのメディナ移住を記念するお祭りでもある。夕食は砂糖を使った食品、とくに蜜と砂糖のクレープが基本となる。クレープの円形、あるいは三日月形は月の満ち欠けを連想させる。

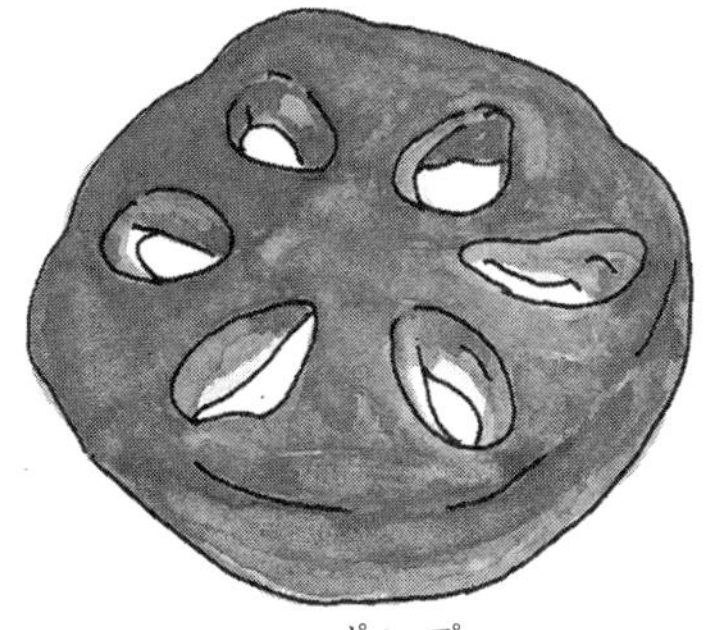
ポンプ

ガトー・デ・ロワ

公現祭とガレット・デ・ロワ

一月六日のこのお祭りはクリスマスの直後にあたり、そのもともとの意味合いも完全に忘れられてしまったわけではない。エピファニー「ご公現の祝日」という言葉はギリシア語のエピファネイアから派生し、東方三王——アラビア王メルキオール、エチオピア王ガスパール、カルデア王バルタザール——の前に、キリストが現れたことを指す。現在では、**ガレット・デ・ロワ**あるいは**ガトー・デ・ロワ**を友人たちで分かち合うのが伝統である（ガレット・デ・ロワあるいはガトー・デ・ロワにはフェーヴと呼ばれる小さな陶器の人形を一個入れる。食卓で切り分けたとき、フェーヴのはいった切り身を引き当てた人が王さまになる）。ガレットに隠されるフェーヴにはかつては三王を表す小像が使われた。のちの菓子職人は、産着にくるまれた幼子イエス、王冠、あるいは聖処女マリアなど、キリスト教から想を得た陶製の人形のほうを好んだ。職人たちの創造的な精神は次第に範囲を広げて、馬の蹄鉄、ハート、四つ葉のクローバーなど、幸運をもたらすものを使うようになった。最近では、王さまを引き当ててがりっと噛んだのが、なんとびっくり、小さなＴＧＶやコンコルド、あるいはコンピューターのことがある。やきもちやきを作らないように、フェーヴがふたつはいっていることさえある！

Couronne briochée de Provence

プロヴァンスのクロンヌ・ブリオシェ

8人前
小麦粉　350g
卵　6個
焼き色をつけるための卵黄　1個
グラニュー糖　140g
バター　140g
生イースト　15g
塩　小さじ1
水　大さじ2
牛乳　大さじ4
レモン1個分の皮

デコレーション
　砂糖漬けの果物　100g
　砕いた砂糖　100g

前日の夜にイーストを小麦粉大さじ1とともに温めた牛乳に溶かしてパン種を用意する．

板の上に小麦粉を盛り，中央をへこませる．そこにパン種を入れ，少量の小麦粉でおおって温かいところにおいておく．

表面に泡が立ってきたら，小麦粉を少量ずつ中央に寄せて，手でこねながら，全卵を1個ずつ加え，レモンの皮，塩，柔らかくしたバター，砂糖を加える．


それを丸めて，布巾をかけ，翌日までボールのなかで休ませる．

翌日，生地をもう一度こね，王冠の形に作って，なかにフェーヴを1個入れる．

オーブンの入口でさらに発酵させ，そのあと卵黄を刷毛で塗って，中火のオーブンで30分焼く．

時代を越えるガレット

ガレットの伝統もまた非常に古く、キリスト教の祭りに先駆ける。バビロニアのアッシリア人は新年の祭りで、古代ローマ人はサトゥルヌス（農耕の神）に捧げる祝祭のとき、祭礼のあいだに宴会を開いて、ガレットに隠した空豆（このことから、現在でもガレットに入れる小像をフェーヴ「空豆」という）を引き当てた者を「一日だけの王」に選び、実際の上下関係をひっくり返すことができた。フランス革命は時代遅れとなったこの習慣を「サン＝キュロット祭」と改名し、友愛の祭りとした。当時のフェーヴはフリージア帽、三色帽章、サン＝キュロットなど、革命を表すイメージでなければならなかった。この伝統は共和国の権力中枢まで達した。ヴァレリー・ジスカール・デスタンはフランス共和国大統領在任中、閣議のときに**ガレット・デ・ロワ**で王さまを選ぶことに決めた。幸運にもフェーヴを引き当てた閣僚に演説をさせようという目論見。奇妙なことに、この日、大統領のガレットにはフェーヴが見つからなかった。論戦の的となるのを避けるために、閣僚のひとりがきっと呑み込んでしまったのだろう。ある日、王座につけられて、翌日には退位に追い込まれるのでは、あまりやる気は出なかったようだ。

一般的に**ガレット・デ・ロワ**は生地だけで焼くか、あるいはクレーム・フランジパーヌをはさむ。パリの菓子職人ジェラール・ミュロは一九九七年にピスタチオ入りのガレットを創作、これに**メルキオール**と名づけた。肌の色のせいで、エチオピア王のガスパールは最初から除外されていたし、友人のひとりが息子にバルタザールという名前をつけたばかりだったから、三人の王さまのうちで自作にふさわしいと思えたのは、メルキオールだったというわけだ。

ブリオッシュとガレット

ピエール・ラカンは著書（Pierre Lacam, *Le Mémorial historique et géographique de la pâtisserie*, 1900, Crété.）の「ガトー・デ・ロワ」の章でその種類を挙げ、「パリとその周辺三十リューには独自のガレットがあり、リヨンにはパン種のブリオッシュの王冠、ランスとメッツもブリオッシュ、ナントにはナンテとブリゼ生地、ブルターニュにはパン種とブルボン砂糖の生地、ボルドーにはガプテのトルティヨンとガトー・オ・セドラ、トゥールーズにはリムーのガトー、一般的に南仏全域には砂糖味のブリオッシュ、全フランス人に『王さまは飲む！』（かつてはひとりが王さまを引き当てると、一同「王さまは飲む！」と言って、その人のために乾杯した）と言わせる美食の都リヨンにさえもブリオッシュがある」と言っている。フランスの北半分ではフイユテ生地の円盤型ガレットを作り、南仏地方ではブリオッシュ生地の王冠に砂糖漬け果物を飾ったガトーが多い。正当な公現祭のお菓子はどこのものなのだろう？

郷土の伝統にしたがい、ボルドーではご公現の祝日の王冠にコニャックと砂糖漬けのセドラで香りをつける。

聖母御潔めの祝日、光の祭り

シャンドゥルール「聖母御潔めの祝日」という名詞は「蠟燭の祭り、光の祭り」を意味するラテン語のフェスタ・カンデラルムから派生した。祝福された大蠟燭はイエスを神殿に奉献して聖処女のお潔めがなされたときに使用された。この宗教祭事はクリスマスの四十日後にあたる二月二日に祝われる。光の祭りはおそらく、ルペルクス神（家畜をオオカミから守るという森の神）に捧げられた古代ローマのルペルカリア祭（二月十五日のルペルクス神の祭典。若者が多産安産のまじないに女性を山羊革の紐で打ちながら走りまわった）におきかわったものだろう。この祭典は豊穣と享楽の雰囲気のなかでおこなわれた。聖母御潔めの祝日はカルナヴァル（謝肉祭）とその祝祭行列を予告する。

聖母御潔めの祝日のクレープ作りは家庭でおこなわれる慣習である。クレープは作るのも簡単だし、分かち合うのも簡単だ。豊穣の一年を祈って、片手に小銭を握りしめてクレープを空中でひっくり返すのがしきたり。一部の地方では、伝統的なクレープに加えてベニエを作る。クレープやベニエの丸い形は光と太陽を象徴する。

ユダヤ教のハヌカ「宮清めの祭り」は、灯明の祭り（ギリシア系のアンティオコス四世に汚されたエルサレムの神殿を紀元前一六四年、マカバイがとりもどし、清めて奉献したことを記念する。宮を清めたとき見つかった油壺の油が八日間燃え続けたことから「灯明の祭り」とも言う）とも言われ、ベニエが大量に準備される。お菓子にしみこんで、黄金の揚げ色をつける油は光を象徴する。揚げたあと砂糖と蜜をまぶす。

預言者マホメットの誕生、光をもたらし、教えを広める誕生を記念する祭り「マウリド・エナバウイ」のあいだ、信者は夕暮れに蜜味のベニエとお茶を用意し、徹夜に備える。このように、これら祝祭時のお菓子は丸い形と材料、そして油による加熱で、お祭りの精髄そのもの、すなわち光の祝賀を表している。

美徳と呪い

聖母御潔めの祝日は光を祝う祭りだが、一部の地方ではクレープとベニエを悪運を回避するためにも使う。たとえばかつてアルザスでは、よく卵を生むように、ひとつ目のベニエはめんどりにあたえた。セーヌ＝エ＝マルヌでは、やはり一枚目のクレープをめんどりにとっておく習慣があった。同じようにアングモワでは、豊かな収穫を祈って、くるみの木をクレープでたたいた。トゥーレーヌでは、麻の収穫を確実にするために、クレープを焼くのが伝統である。ロワール＝アトランティックでは、家の外にクレープをもって出るのは危険だと考えられていた。幸運がクレープとともに飛んでいってしまう恐れがあったからだ！　家庭の主婦は、来るべき一年のお守りにガレットをタンスの上に置いた。

カルナヴァル

語源的には「カルナヴァル」は「肉を取りあげる」ことを意味する。カルナヴァルは断食と禁欲の期間である四旬節に先駆ける娯楽や仮装いっぱいのお楽しみの期間で、そのあいだはすべてが許される。聖母御潔めの祝日のように、お料理を楽しむ機会であり、さまざまな形のベニエ、クレープ、ゴーフルが作られる。灰の水曜日の前日、マルディ・グラ「肉食の火曜日」には肉食日の食品――豚肉加工品、肉、お菓子――で盛大に飲み食いする。断食によって自らに食べ物を禁じることは、神や超自然への献身の行為となる。それは自らの罪を贖い、自らの行動を意識し、自分の身体から穢れを清めることを可能にする。ゴーフル、クレープ、ベニエの大盤振舞は、地方料理の守り手である女たちによって、家庭で準備される。笑いと逸脱の期間は四旬節の始まりである灰の水曜日で終わり、復活祭の日曜まで「肉なし日」となる。その間四十日、お菓子は家庭の食卓から姿を消す。この規則から唯一はずれていいのは一週間の安息日、日曜だけである。この日、お菓子はふたたび華やかに登場することが許される。「断食と食道楽は、味覚理性における最大の対立の両極である。食物への欲求は、既存の概念とは反対に、肉体的・散文的な衝動によるのではない。それは身体と精神、自然と超自然、現実の時間と神話の時間をひとつに合わせる心理活動なのである」(Joëlle Bahloul, *L'Apétit vient en jeûnant*, Autrement, Mille et une bouche, p. 53.)

断食すると食欲がわく

断食の期間中は、多かれ少なかれ拘束力のある食品上の制限が課せられる。ラマダンの断食はイスラム教の六信五行中第四の行である。この聖なる陰暦九月のあいだ、信者は日の出から日の入りまで飲み食いを断たねばならない。断食には、熟考、読書、祈りがともなわれるべきである。ラマダンのあいだ、夕食は非常に豪華だ。料理は食卓にあふれ、晩餐はお菓子とお茶で終わる。お菓子は同一の社会に属する人びとが、ひとつの食卓を囲んで交流するときに欠かせない要素である。甘さと霊性の象徴である**ザラービーア**（ベニエの一種）、**マクルーズ**、**ワクラワ**、**クタイフ**は、蜜とアーモンドで作るお菓子。

ヨム・キプール「贖罪の日」でユダヤ人が守る断食も同様に徹底しているが、一日しか続かない。キプールの前夜と断食のあとの食事は甘く、とてもこってりとしている。

エステルとハマン

三日間の断食と禁欲に次ぐプーリム祭は、紀元前五世紀、大臣ハマンによるユダヤ人殲滅を阻止する

ため、禁を犯してペルシアのアハシュエロス王に謁見したユダヤ人王妃エステルの英雄的行為を記念する。祭り前の断食が典礼暦にひとつの区切をつけている。ハマンがユダヤ人を滅ぼす日をくじで決めたことから、「くじの祭り」と言われる祭礼は、エステルの勝利を祝う楽しいお祭りであり、名前、材料、形の点でこのお祭りに独特のさまざまなお菓子がついてまわる。しかし、この祭りはとくにエステルとハマン、善と悪との闘いの物語をなぞっている。招待客たちはエステルの「一部」を食べるのではなく、白いガレット、あるいはアーモンドのついたガレットを通じて、王妃の無垢と純潔という道徳的価値を自らに取り入れるのである。お客たちはエステルを象徴するお菓子**メギラ**を食べる。これはメギラ文書の形を思わせる巻き菓子で、白い色は王妃の完全なる純潔を連想させる。**メギラ**は干しぶどう、さくらんぼうのジャム、松の実、くるみで作られる。エステルの物語を伝えるメギラ文書は、プーリム祭にシナゴークで朗読される。反対に、悪を象徴するハマンにあてられるお菓子は、指、耳、ひげ、眼など、ぽりぽりと囓りながら破壊すべきその身体を表している。モロッコのユダヤ人社会では、小さなパン「**シナマン**」、つまり「ハマンの眼」を作る。これは邪悪の眼（その眼に見られただけで不幸になるという眼）から身を守ってくれるという。「スペイン系ユダヤ人のところでは、一部の学校で、プーリム祭の数日前に校長が少額のお金を集めて、ハマンを象徴する巨大な砂糖の人形を作らせる。人形は学校の入口に吊され、子供たちは登校時に、その一部を食べてよい」(Martine Chiche-Yana, *La table juive, recettes et traditions de fêtes*, Edisud, 1992.)

神聖な価値をもつ素材

ヘブライ語とユダヤ・アラブ語では、なつめやしは「タマール」と言い、ヘブライ語の「無に帰さしめる」と同音異義語。プーリム祭はユダヤ共同体が全滅を免れた歴史的な逸話を物語る祭事である。このときのためのビスキュイ、ヌガー、ガトーはなつめやしをベースにして作られる。出エジプトのとき、神はモーゼにユダヤの民を「蜜と乳の流れる約束の土地」へと導くことを約した。宗教祭事において、蜜はすべての儀式に登場する。蜜は保存し、清める。これは健康と甘さの象徴である。

不死のアーモンド

アーモンドは不死という美徳をもつことから、特別扱いをされている。これはアーモンドが非常に厳しい環境で育ち、極限状況で発芽する能力を有することに由来するのだろう。ヘブライ人にとって、アーモンドの木は新たなる生命の象徴だった。キリスト教徒の洗礼は新しい聖なる生命の出発であり、洗礼を受ける子供の両親は永遠の生命の象徴として、砂糖衣でくるんだアーモンド、**ドラジェ**を配る。

乳、蜜、あるいはなつめやしと同様に、アーモンドは食いしん坊の味覚を喜ばせるただのお菓子ではない。それは肉体と精神両方に効果のある物質、薬である。宗教儀礼のときのお菓子で、アーモンドが使われていないものを探すのはほとんど不可能だ。アーモンドを割り、それを食べることは、ひとつの秘密を発見し、それに参加することを意味する。(Jean Chevalier, Alain Gheerbrant, *Dictionnaire des symboles*, Robert Laffont, 1982.)

復活祭と再生

キリスト教徒にとって、復活祭はキリストの復活を祝うがゆえに、厳粛で、楽しく、希望に満ちた祭りである。祈りと考察の期間が復活祭の日曜日に先駆け、それはすでに聖木曜日から鐘の音で予告される。しかしながら復活祭の日――ニカエア公会議の決定で、春分後最初の満月の次の日曜日に決められた――は春分の日や自然、植物、花々の再生と一致する。生命は躍動し、太陽と光線はその炎のすべてをきらめかせる。

卵と復活

卵――生命と再生の象徴――は復活祭の中心である。かつて教区民は卵を配る前に教会にいって、祝福してもらった。卵はまた、地中海沿岸の民族にとって非常に古い象徴である。フェニキアの埋葬遺跡は、粘土で作った卵を使う慣習があったことを証明している。チョコレートで作られるようになる前は、卵を赤く染めた。赤は復活したキリストを象徴する色である。卵を庭に隠す慣習は、いまでもとてもよくおこなわれる。卵といっしょに、めんどり、鐘、ウサギ、魚、その他を見つけることもよくある。子供たちはまずウサギやお魚の頭を齧り、おなかの中にお砂糖やチョコレートの卵、プラリネ、チョコレート・ボンボンなど、さらに宝物を発見する。

卵によってキリストの復活を象徴することは、南仏とコルシカの伝統に深く根をおろしている。バスティアの**カンパニリ**（鐘）やサルテーヌの**カカヴェッリ**、あるいはマントンの**カヴァニャ**やニースの**エショデ**は、卵を均等の間隔に飾った王冠、あるいは籠の形をしたお菓子だ。このお菓子でできた王冠には、家族の人数と同じだけの卵がのせられる。ブリオッシュ生地で作る**カンパニリ**にはアニスとオ＝ド＝ヴィで香りをつける。復活祭の日曜の食事は楽しく、多様で、儀式化されていなければならない。祭壇のイメージにしたがって、食卓は白いクロスでおおわれる。主菜はパン種なしのパンを添えた復活祭の仔羊である。

過越の祭り

ユダヤの過越の祭り（エジプトを殺戮の天使が訪れたとき、ユダヤ人の家は通り過ぎたことを祝う祭り。これがきっかけになって、ファラオはモーゼにユダヤ人の出国を許した）は、再生、歓び、そしてエジプトにおけるユダヤ人迫害の終わりを象徴するお祭りである。この祭りの八日前に、パンを種を使わずに焼かねばならない。弾圧と困難な時代の思い出として、パンに味をもたせないためである。

卵と仔羊は新しい生命と犠牲との象徴だ。過越の祭りのお菓子はこってりとし、卵――卵黄と卵白――をたくさん使い、家族で食べる。その意義は過越の祭りの恵みを分かち合うことにある。スペインの過越のお菓子、**イエマス**は卵黄と砂糖で作る。おそらくイベリア半島にいたアラブ人の名残かもしれない。

復活祭

キリスト教徒にとって、復活祭のお菓子にはキリストの最後の晩餐を暗示する意図がある。イエスは弟子たちとともに食事をし、「パンをとり、祝福してこれをさき、弟子たちにあたえて言われた、『取れ、これはわたしのからだである』」（マルコによる福音書第十四章二十二）。このために、**シムネル・ケーク**にはマジパンの飾りがあり、上に飾る十一個の玉は十二使徒のうちの十一人を表す。裏切り者ユダは復活祭の食事には招かれない。

アルザスとドイツでは、子供たちはいまでも仔羊の形をした復活祭のお菓子を食べる。老若男女の最大の楽しみのために、生地――小麦粉、砂糖、イースト、卵――が仔羊の形をした型に満たされる。食事そのものもシンボルの大盤振舞。お菓子は復活祭の仔羊を表すが、仔羊自体イエスの犠牲を意味する。シンボルの重複が現代の傾向である。

アレルヤ「ハレルヤ！」、歓喜を表すヘブライ語――文字通りの意味は「ヤハウェを讃えよ」――は神を讃える歓声だが、復活祭のお菓子でもある。かつてミサのあいだに聖歌隊の子供たちにあたえられた。カステルノダリでは、ローマ法王ピオ七世訪問のさい、ある製菓職人がアンゼリカかセドラを飾った小さな細長いフワス（ブリオッシュ生地のガレット）に**アレルヤ**と名づけた。

サルラ地方の**クク・ディオ**も復活祭のブリオッシュで、聖週間（枝の主日から聖土曜日まで）に食べる。**ブリオッシュ・ヴァンデアンヌ**「ヴァンデのブリオッシュ」は有名だが、理由は以下の通り。ブリオッシュのうちのひとつは、復活祭と直接関連づけられ、イーストが発酵するのを防ぐため、完全には焼きあげてしまわない。伝説によれば、このレシピは一八〇一年のコンコルダート（教皇ピウス七世とナポレオン一世のあいだでかわされた協約）にしたがうのを拒否したヴァンデ人の行為を意味すると言う。このように聖なるブリオッシュは政治闘争を反映するようになったのである。

エクスのカリソン

エクサン＝プロヴァンスの**カリソン**はパート・ダマンドと砂糖漬けの果物で作る菱形のお菓子である。**カリソン**は、もともとはペストを記念する宗教儀式で配られた。聖体拝領のあいだ、聖歌隊が賛美歌『カリチェム・サルタリス』を歌い、**カリソン**、すなわち「小さな聖杯(カリス)」が配られる。おそらくはお菓子の表面に、聖体のパンの生地に似た無酵母のパン生地をかけたせいだろう。

こうして**カリソン**は復活祭の伝統的なお菓子となった。もっとも現在では、一年のいつでも歓迎される。ただし箱に入れて冷所できちんと保存しなければならない。

聖霊降臨の主日

聖霊降臨の主日、聖霊が使徒たちのうえに降臨したことを祝うお祭りは、宗教祭事暦では復活祭から数えて第七日曜日、約五十日後にあたる。これは果物と収穫の祭りでもある。聖霊は何世紀も前からとくに絵画において、平和と純潔の鳥である雌鳩によって象徴されてきた。マルセイユの製菓職人

Calissons d'Aix

エクスのカリソン

カリソン20個分
薄皮をむいた甘アーモンド　50g
あんずのシロップ
グラニュー糖　500g
無酵母パン
グラス・ロワイヤル

あんずのシロップを静かに加えながら，アーモンドをペースト状にすりつぶす．ごくなめらかな生地になったら，グラニュー糖を少しずつ加える．

フライパンに生地を入れて，弱火にかけ，5分間乾燥させる．無酵母パンを敷いた上に生地を½cmの厚さにのばす．

グラス・ロワイヤルで衣をかけ，楕円形の抜き型で切り分ける．硫酸紙を敷いた天板に並べ，中火（180℃）のオーブンで20分間焼く．冷ます．

たちは、食いしん坊たちに砂糖漬けの果物と砂糖の鳩を飾った楕円形のパート・ダマンドのお菓子、**コロンビエ**を売る。かつてはこのなかに陶製の鳩を入れた。平和の鳥であるこのフェーヴを見つけた者は年内に結婚する。

安息日、神の歓び

三大一神教では、週の一日が休息、内省、祈りにあてられる。人びとは気晴らしをしたり、働いたりすることを避けねばならず、モスクかシナゴーグ、あるいは教会にいくことができる。しかしこの毎週一回の祭りは、また家庭的な歓びのときであり、食事の時間にはパンとお菓子が豊かに君臨する。

この祭りのために特別に作られる**ハラ**（安息日のパン）は特別な形と特別な意味をもつ。それは三つの世界のメタファーである三つ編みの形、あるいは理想世界を象徴する球形をしている。**ハラ**は成文律法と口伝律法の両方を連想させるために、テーブル・クロスの上に二個ずつ並べておかれる。パンは祝福され、地上と天上の糧すべての象徴となる。

ミサの帰りに

たっぷりした食事の最後をお菓子が飾っていれば、それはこの家がお客好きという目印だ。同様に日曜にお菓子を食べる伝統は、わたしたちのキリスト教文化に深く根をおろしている。それは、ミサのあとのブランジュリー＝パティスリーの店先の長い行列を見れば充分に理解できるだろう。たいていの場合、家族が集まる食事に食べるという意味合いにおいて、お菓子は個人のものというよりは集団のものである。お説教の初めから終わりまで、子供たちはたとえ話など聞かずに、パン屋さんの自慢菓子を思い浮かべている。教会から出たらすぐにごっそりと買い込もうという魂胆。問題の瞬間に、渇望の対象がまだウインドウに残ってさえいれば、待つのもまた楽しい。

現代では、なんだってごちそうを食べる口実になる。非宗教的な祭り、記念日、メイデー、セント＝ヴァレンタインズ・デー、父の日、母の日、おばあちゃんの日、聖カタリナ祭（十一月二十五日。未婚の二十五歳の女性のお祭り）、秘書の日、あるいは盛大なスポーツ・イヴェント。これら数え切れないほどのお祭りのひとつひとつにインスピレーションを得るためには、未来の菓子職人は多くの創意と工夫を必要とするにちがいない。けれどもなにものもアンブロワジー「神々の食べ物」にとって代わることはないだろう。そこでは甘味が恍惚、超越的存在、神性へと向かう橋を象徴する。わたしたちは、ただの大食の「大罪」からはるかに隔たったところにいる！

第五章

愛とお菓子

L'amour et les gâteaux

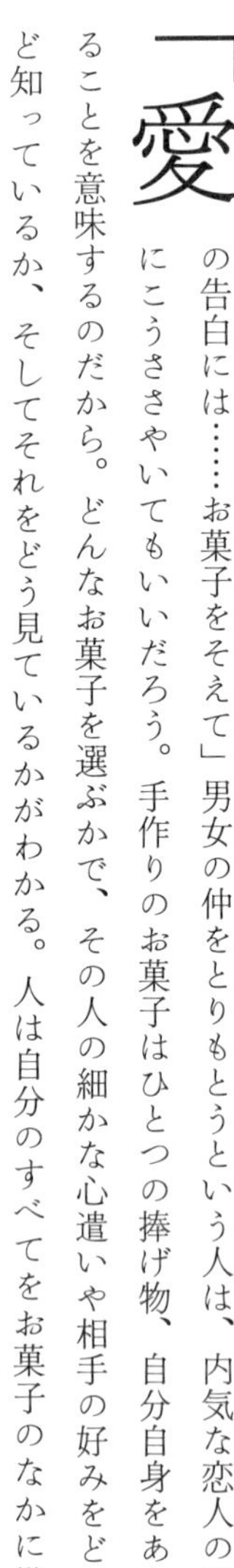

「愛の告白には……お菓子をそえて」男女の仲をとりもとうという人は、内気な恋人の耳元にこうささやいてもいいだろう。手作りのお菓子はひとつの捧げ物、自分自身をあたえることを意味するのだから。どんなお菓子を選ぶかで、その人の細かな心遣いや相手の好みをどれほど知っているか、そしてそれをどう見ているかがわかる。人は自分のすべてをお菓子のなかに投影し、あたえる。お菓子を贈ることは愛情、優しさの保証であり、愛する人、血縁、親しい人びとに抱く愛情の証である。

閨房の哲学

一七九五年にサド侯爵が著作『閨房の哲学』で有名にした**ブドワール**「閨房」は愉快なことに、グラニュー糖でおおった楕円形の小さなガトー・セックでもある。もともとブドワール boudoir は一家の女主人がすねて bouder ひとり閉じこもるための小部屋で、のちにはごく親しい人びととお戯れの時間を過ごす部屋となった。すねるのは女性の専売特許なのだろうか？　お茶の時間に食べるお菓子**ブドワール**にその名をあたえるほどに。

だからといって、お菓子が女性専有の領域というわけではない。女性はたしかに家庭ではしばしばお菓子の推進者であり、家族伝来のレシピを世代から世代へと伝えはするが、高貴なお菓子は、じつはむしろ男性に限定される領域である。アントナン・カレーム、ジュール・グフェ、ダロワイヨー、あるいはガストン・ルノートルなど古今の偉大なパティシエの名を挙げれば充分だろう。

そこで当然のことながら、次のような疑問がわいてくる。お菓子の名前にはなぜこれほど女性名が多いのか？　女性をほのめかすようなものが多いのか？　なぜ**シャルロット**、**ソフィー**、**ジュリエット**、**アレクサンドラ**、それに**マドレーヌ**などという名前があるのか？

サブレ

サブレもまた……ブドワールから生まれたのかもしれない。セヴィニエ夫人を信じるとすれば、十七世紀、お茶の時間に碩学を集めてサロンを開いていたのはサブレ侯爵夫人だからである。お茶にミルクを添え、バターをたっぷり使った小さなガトー・セックと出すことを最初に思いついたのはサブレ夫人らしい。有名な**サブレ**が登場するのはようやくその二世紀後。サブレ侯爵夫人はしたがって、いまもひっぱりだこのこのお菓子に想をあたえた女神だった。

ひとつには女性、あるいはそのイメージは、製菓職人にとって着想をあたえてくれる女神だからだ……偉大なシェフたちは、自作によって女神に敬意を捧げようとした。

またもうひとつには、お菓子の甘さが子供時代を、砂糖の甘さが母親の愛を思わせるからである。だからこそ、多くの製菓職人が自作に妻や娘、姉妹、母の名前をつけるのだろう。たとえば十五区の製菓職人の自慢菓子は**シュザンヌ**という。あるいはガストン・ルノートル創作の**エレオノール**はおばあさんへのオマージュである。

マドレーヌの物語はもっと思いがけないものだし、もっと楽しい。一七三〇年頃、ポーランド王スタニスワフ・レシチンスキはフランスのコメルシーに滞在していた。ある夜、製菓長がかまどを離れ、王さまをデザートなしでおいていってしまったとき、裕福な町家の召使いで、マドレーヌ・ポミエという女が、お客にきた王さまのために、オレンジかレモンの繊細な香りのする小さなぽっちゃりとしたお菓子を作った。王さまはこのお菓子をいたくお気に召され、にわか製菓職人の栄誉をたたえて、それを「マドレーヌ」と名づけられた。

ほかにも女性の名前や女神を意味するお菓子名を挙げることもできる。けれどもここでは、女性全体に敬意を表すことでよしとしておこう。

製菓職人のなかには、ついでに名前に形容詞サント「聖なる」をつけて、聖女の仲間入りさせるのをためらわない者もいる。そこでときにはショーケースのなかに、**サン=タンヌ**「聖アンヌ」、**サント=ジャンヌ**「聖ジャンヌ」、あるいは**サント=セシール**「聖セシール」という名のお菓子が見つかる……

フランス東部ヴォクルールの例も興味深い。市長は七〇年代に、製菓職人と観光協会の協力を得て、ジャンヌ・ダルクに敬意を表し、一四二九年のシャルル七世救援へのジャンヌの出発を記念するために、お菓子**ジャネット**の創作を決定。それ以来、このお菓子は市主催のあらゆる行事で特等席を占めている。ただのお菓子がときには経済発展の手段となる一例……

シャルロット

もともとの**シャルロット**はイギリスの宮廷で創作され、ジョージ三世王（一七三八―一八二〇）の王妃シャーロットに捧げられたようだ。

最初は食パンの薄切りをレモンとシナモンで香りをつけた牛乳にひたして型に敷き、果物のピュレを流し込んで焼き固めたプディングだった。なま温かいものに、ときにクレーム・アングレーズを添えて供した。

フランス人製菓職人アントナン・カレームが十九世紀初めに、**シャルロット・ア・ラ・パリジエンヌ**を考案。これはあらかじめフィンガー・ビスケットを敷き詰めた型にバヴァロワの種を流し込んで作る。

Charlotte aux fraises

シャルロット・オ・フレーズ

8人前
フィンガー・ビスケット
　卵黄　6個
　卵白　7個
　砂糖　150g
　小麦粉　150g

バヴァロワ・オ・フレーズ
　いちご　1kg
　砂糖　30g
　ゼラチン板　3枚
　生クリーム　450g
　粉糖

いちごのソース
　いちごの果肉　400g
　レモン汁　半個分
　砂糖　120g

フィンガー・ビスケットを作る．卵黄と砂糖をあわせて白っぽくなるまで混ぜる．卵白を泡立て，砂糖とあわせた卵黄に加える．小麦粉をぱらぱらと入れる．天板にバターをぬって粉をはたき，絞り出し袋でビスケットを絞り出す．強火（240℃）のオーブンで10分から12分焼く．

バヴァロワを作る．いちごをつぶし，シノワで漉す．この果肉300g分を量り，砂糖30gと火にかけて沸騰させ，冷水で柔らかくもどしたゼラチン板3枚を混ぜ入れる．種がほぼ冷めたら，泡立てた生クリームを加える．シャルロット型にフィンガー・ビスケットをはりつけ，いちごのバヴァロワを満たす．ビスケットでふたをし，冷蔵庫に4時間入れる．型をはずし，粉糖をふる．形のよいいちごを，残りのいちごをつぶし，砂糖，レモン汁を加えて作ったソースにひたして，中央に飾る．ソースはソース入れに入れて出す．

クレープ・シュゼット

リベルティナージュ「放蕩」もお菓子創造のきっかけとなりうる。その完璧な一例が**クレープ・シュゼット**だ。一八九六年一月のある夜、英国皇太子——のちのエドワード七世——はモンテカルロで愛人のシュゼット某と食事をし、シェフ・パティシエのエスコフィエにオリジナルのデザートを出すよう注文した。そこでエスコフィエはクレープを作り、それにキュラソーとマンダリン・オレンジのジュースをかけた。エスコフィエは美しくはかない女性に敬意を表して、これに「クレープ・シュゼット」と名づけた。本人の意思とは関係なく、この夜、シュゼットの名はお菓子のパンテオン入りをすることになった。

お菓子の魔法

お菓子の名前はまた、魔法の世界、不思議の国から借りてくることもできる。たとえば**リュタン**「いたずら好きの小妖精」は四角いチョコレート・ボンボン、**ドワ・ド・フェ**「妖精の指」は小さなムラング。日常の言葉で「妖精の指をもつ」というと、手先がとても器用なことを意味するが、この呼び名はお菓子の繊細さ、軽さを表している。**ドワ・ド・ゼノビー**「ゼノビアの指」と呼ばれるオリエントのお菓子もある。『千夜一夜』の王女か女魔法使いを思わせるが、そのとおり、東方の女王のことだ。

妖精物語では、たしかにお菓子が重要な役割を果たすこともある。『赤ずきんちゃん』やシャルル・ペローの『ロバの皮をかぶった娘』がその例。魔法のおくすり、たとえば媚薬のように、お菓子には魔力、魔法、思いもかけない力があるかのようだ。

お菓子を食べた者は恋に落ち、愛におののく恍惚状態へと放り込まれる。善良な妖精はお菓子が眠るゆりかごにかがみ込み、その肌に祝祭と魔法の色合いをあたえたのだ。だからこそ、たいていの場合、お菓子はひとつの驚きとなるのである。

ピンクのリボンをかけ、なかにお菓子を秘めた紙箱を贈物として受け取ると、わたしたちは包装紙の色、リボンの結び方、パティシエの名前をひとつひとつ見ていくものだ。興奮は絶頂に達する。この神秘の一部を前にするとき、わたしたちの想像は思う存分にあふれ出る。

「ロバの皮をかぶった娘」のお菓子

「ロバの皮をかぶった娘」は、そこで小麦粉をとり、

わざわざふるいにかけて
生地をさらに薄くする。
塩とバターと生み立ての卵
そして、ガレットを上手に作るために、
自分の小部屋に閉じこもる。
（……）
人の話では、ちょっと急ぎすぎたので、
たまたま指から生地のなかに
とても高価な指輪が一個落ちてしまったとか。
（……）
こんなにおいしいひと切れがこねられたことはなく、
王子さまはガレットをとても美味だと思ったので、
食欲旺盛のあまり、
もう少しで指輪も口に入れるところだった。
すばらしいエメラルドを眼にしたとき、
王子さまの心は信じられないほどの歓びに打たれた。
王子さまはすぐに指輪を枕の下に入れた。

経験豊かな知恵ある医師たちは
全員が、その偉大な術から判断して
王子さまは恋の病だと言った。

シャルル・ペロー

宮廷婦人

豪華絢爛たるお菓子の姿は、貴族階級から借りた名前のなかに再現される。貴族は創造者たちに大いに想をあたえたようである。十七世紀と十八世紀、貴族に仕えた製菓・製パン職人たちは、自分たちの雇用者に敬意を表した。シュー生地の小菓子**デュシェス**「公爵夫人」、より限定すればくるみを使った**デュシェス・ド・サルラ**「サルラ公爵夫人」、バター風味のガナシュとパート・ダマンドを詰めた**コルネ・ド・デュシェス**「公爵夫人のコルネ」。バターあるいはチョコレートの**マルキーズ**「侯爵夫人」はシャルロットに似たデザートでクレーム・シャンティイと果物のコンポートを添える。マルキーズという名前はこのデザートの軽さと洗練を表している。また小さなムラングの冠をかぶったタルト、**プランセス**「王女」もある。

そのほかの名前では、ダーム「貴婦人」がけっこうよく使われる。中世では「ダーム」とは高位の婦人、あるいは宮廷の婦人のことだった。**パレ・ド・ダーム**「貴婦人の円盤」はコリント・レーズンを飾り、ラム酒で軽く香りをつけた平たい円形のプティ・フール。アーモンドのジェノワーズを土台にしたビスキュイにキルシュに浸した砂糖漬けの果物とフィンガー・ビスケットを詰め、クレーム・シャンティイを塗った**ダーム・ブランシュ**「白き貴婦人」もある。この名はおそらくクレーム・シャンティイの白と女性の唇を思わせるビガロー種のさくらんぼうの赤からきている。

おいしい美女たち

丸み、甘さ、母親の胸の柔らかさ、お菓子の名前が女性の姿態とのアナロジーを示すことに疑問の余地はない。フランス語では、お菓子のことを「甘さ」と同時に「優しさ」も意味する「ドゥスール」という言葉で呼ぶこともあるではないか。

ビスキュイ・ジョコンドはアーモンド、小麦粉、溶かしバターで作る伝統菓子のベースのひとつだが、お菓子における女性のイメージを象徴する。フィレンツェの貴族フランチェスコ・デル・ジョコンドの妻リザがモデルと言われることから「ラ・ジョコンダ」（「ジョコンド」は「ジョコンダ」のフランス語読み）とも呼ばれるレオナルド・ダ・ヴィンチの傑作『モナ・リザ』は、それ一枚で女性のもつ神秘性を表しきっているのではないだろうか？

クレープ

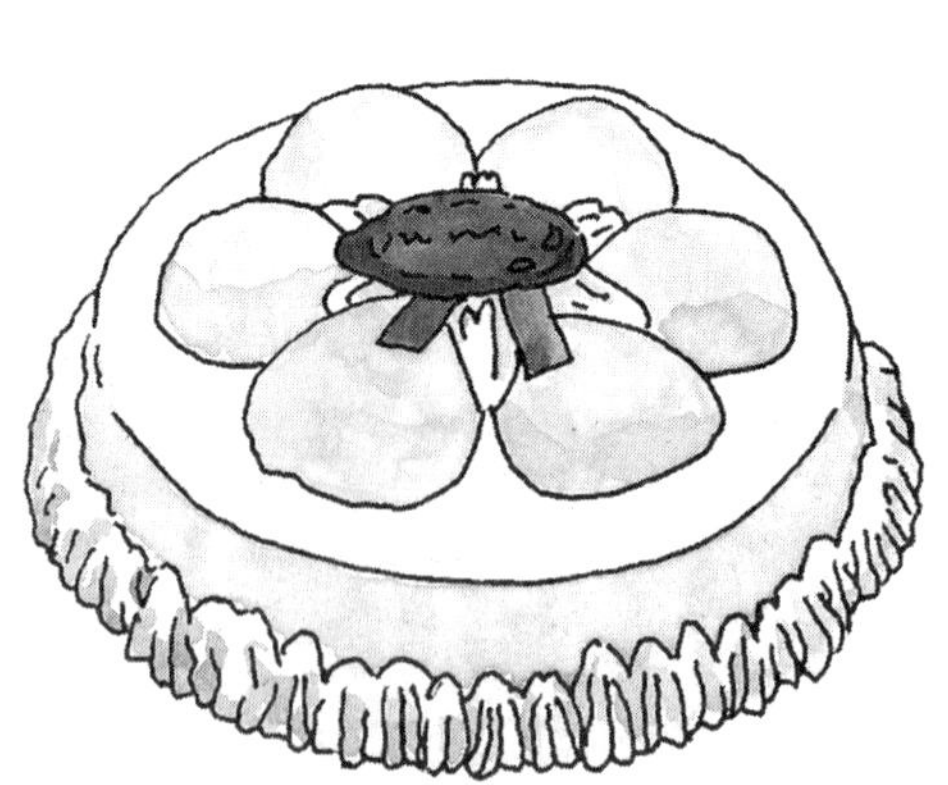

ダーム・ブランシュ・オ・ポワール

おそらくこの神秘の一部は、伝統的な巻き菓子**ブラ・ド・ヴェニュス**「ヴィーナスの腕」を食べることで解明されるかもしれない。これはフランスの多くの地方にある伝統菓子で、レモン、バター、チョコレートなどで風味をつけることもある。なぜこの名前がついたのか？　おそらくはお菓子の細長い形のせいだろう。ギリシアの美神と結びつけられたお菓子は、そのふわふわとした柔らかな姿から官能を連想させる。

同様に、お菓子ではハートは避けて通れない。セント・ヴァレンタインズ・デーや母の日、あるいは聖カタリナ祭で、どれほどの数のお菓子がこれ見よがしのハート形をしているだろうか？　現在と未来の愛の象徴、ハート形のお菓子はそれだけで愛の告白である。

クール・ド・サント＝カトリーヌ「聖カタリナの心（ハート）」は、砂糖漬けの果物を使い、オレンジの花水で香りをつけたお菓子で、十一月二十五日の聖カタリナ祭に、未婚の二十五歳の娘に贈られる。フランスでは、この伝統は縫製業、婦人帽店でいまだに生き続け、工房ではこのときのために奇抜な帽子を作る（聖カタリナ祭には、二十五歳を過ぎた独身女性にボンネットをかぶらせる風習があった）。

約束の相手に愛を伝えるにはどうしたらいいだろう？　フイユテ生地で作り、クレーム・パティシエールを詰めた**コルネ・ダムール**「愛のコルネ」によって、あるいはわれわれを動かしている情熱同様に深い**ピュイ・ダムール**「愛の井戸」によって。モントルグイユ通りの菓子店《ストレール》が銘菓としたこのお菓子の名前は、一八四三年にパリで上演され、大成功をおさめたオペレッタを思わせ

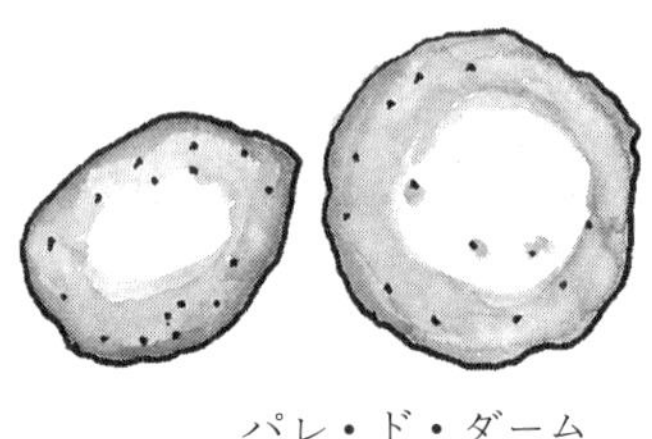

パレ・ド・ダーム

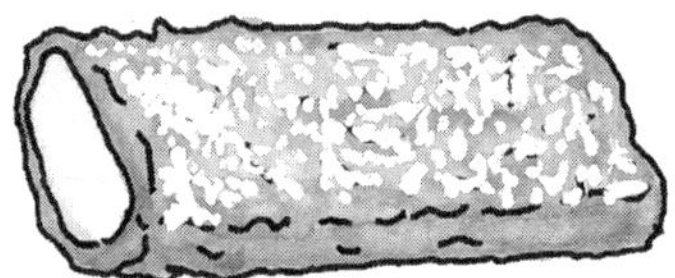

ブラ・ド・ヴェニュス

デュシェス

る。

あるいはまた、ハート型の**パン・デピス**で愛を告白することもできる。ひと手間をかけて、味方をしてくれる菓子職人に「きみの心を支配させてほしい。きみはぼくの心を支配して」とか「きみから盗んだキスに打ちのめされたままです」とか書きこんでもらうこと。長いあいだ、ヨーロッパの定期市では、**パン・デピス**の屋台が恋人たちの待ち合わせ場所だった。恋人たちはまた、**ドゥ・ベゼ**「やさしい口づけ」をふたりで食べたかもしれない。これは、ふたつのムラングをクレーム・オ・ブールではり合わせたプティ・フール。パン屋では、パンを焼いているあいだに隣のパンとくっついてしまい、よく焼けなかった部分をベジュールということも覚えておこう。あるいはもうちょっとおとなしく、**コンヴェルサシオン**「会話」を始める。このフイユテ生地のタルトレットはラム酒で香りをつけたフランジパーヌが詰めてある。コンヴェルサシオンという名はデピネ夫人（一七二六―八三）の著書『エミリの会話』を参考にしたと言われる。こういった小菓子はしばしば、サロンでお茶の時間に出された。

反対にパリの製菓職人ジェラール・ミュロの**クール・フリヴォル**「浮かれ心」はその素材の組合せ――ミルク・チョコレートのムース、ブラック・チョコレートのムース、チョコレートとアーモンドのビスキュイ――が、浮気な愛人の軽薄、移り気、不実を表現する。しかし結局のところ、ジュイの言葉によれば、「お菓子は、お菓子職人が美人のとき、よりおいしく感じる！」のだ。

ジャルジー
コンヴェルサシオン
シャルロット

ふたりの関係が波だってくれれば、ブラック・チョコレートとミルク・チョコレートの**ムース・カプリス**「気まぐれムース」や**トゥルマン・ダムール**「愛の苦しみ」を食べざるをえないように思える。アンティーユ諸島生まれの**トゥルマン・ダムール**はココナツとラム酒を入れたクリームをサブレ生地の台に詰めて焼いた白いお菓子。その名前から、ラム酒の情熱と組になった愛の純粋さを思わせる。

そのあと食べるのは、フランボワーズのジャムを詰めた小さなお菓子**ジャルジー**「嫉妬」。フイユテ生地でできた格子模様が、オリエントで女性を男性の目から隠すため窓におろすブラインド（フランス語で「ジャルジー」）を思わせないわけではない。そのあとパンチとコワントローにひたしたオレンジ風味のデザート、**カプリス**「気まぐれ」がくる。最後に、感情の行き違いを決定的なやり方で言うには、**ディヴォルセ**「離婚者」、つまりホワイト・チョコレートとブラック・チョコレートのデュオがおあつらえ向きのようだ。

けれども、非難されるべき態度や行いにもかかわらず、そしてあらゆる良識に反して、関係が生き延びれば、**タンドル・プロメス**「甘い約束」とともに婚約を告げることができるだろう。この優しい呼び名がすべてを言い表している……お菓子は愛の言葉そのもの、婚約者たちの現在の、そして未来の愛の象徴である。

第六章

お菓子の動物園

La ménagerie pâtissière

子供たちはどんな動物でも大好きだ。クマやライオン、ウサギのぬいぐるみを抱きしめて眠り、わざわざ通りを渡って、イヌやネコをなでにいく。動物たちの言葉を自然に理解する。さらにお子さまはパン屋さんやお菓子屋さんにとっては上得意であり、そのうえとても注文の多いお客さまでもある。お子さまを引きつけるために、職人たちは想像力を競い合い、さまざまな食いしん坊用の罠を創る。一年のどんなときでも、愛しいわが子たちの視線を必ず引きつけるお菓子がある。動物の形をしたお菓子やチョコレートだ。

短編「菓子泥棒」のなかで、イタロ・カルヴィーノは若者たちがめったに口にできないお菓子を、熱に浮かされたようになって食べるようすを描いている。「かれはならんでいる棚にとびつくと、タルトを口につめこんだ。いっぺんに二つ、三つ押しこんだのでは、とても味なんて分からなかった。まるで菓子と闘っているみたいだった。おそろしい敵が、奇怪な怪物が群れをなして包囲網をせばめながら迫ってくる。アーモンドとカラメルの包囲網から脱出するには下顎のちからをたのむしかない。半かけのパネットーネが目玉のいっぱいついた黄色い口をあけている。気味の悪いチャンベッラが食虫植物の花みたいな口をひらいている。ボウヤは一瞬、自分のほうが菓子にむさぼり食われているのではないかという気がした」(イタロ・カルヴィーノ『魔法の庭』和田忠彦訳・晶文社・一九九一年・一六〇頁)

お菓子屋のウインドウに鼻先をくっつけてじっと観察している坊やの視線をたどれば、そこには白鳥の羽やカタツムリの殻、ハリネズミの針がある可能性は高い……同様に、だれか子供に夢のバースデーケーキを尋ねれば、必ず動物の形をしたお菓子の名前を挙げるだろう。というわけで、おやつの時間には、ブリオッシュのウサギ、タルトのネコ、チョウチョウ、ピンクの豚や白い象、ネズミ、イヌ、ネコの形をしたムラング、ミッキーマウス・ケーキ、それからカメがいることになり、お誕生会の食卓は……動物園に似てくる！

動物のお菓子

アニョー・パスカル、**ラング・ド・シャ**、**レーリュッケン**、**グルヌイユ**、**ニ・ダベイユ**のような、もっともよく食べられる動物のお菓子は、動物の全身、あるいは頭、歯、足、背中、おなか、角、鼻、舌など身体の一部とのアナロジーから生まれた。たとえば**オス・ド・グルヌイユ**「カエルの骨」はオレンジの花水で香りをつけ、糖衣をかけた細長いお菓子。ナヴェットに似た**クレート・ド・コック**「雄鳥のとさか」はレモン風味で、とさかのひらひらはナイフで成型する。**グルヌイユ**「カエル」は《ダロワイヨー》の氷菓。フランボワーズのシャーベットをヴァニラ・アイスクリームで囲み、両生類を連想させる緑のピスタチオ・アイスクリームで包む。

ベーレンタッツェン「クマの足」はドイツとオーストリアのお菓子で、かなり背が高く、下の方がわずかに広がっている。カーニヴァルのあいだに食べるのが伝統である。

昔、ライン川の向こうの森には、人間の恐れる茶色熊その他の獣がいっぱいいたのだろう。お菓子職人は、動物が土の上に残した足跡から想を得てお菓子を創り出した。それは自分たちの恐れを抑え込むためかもしれない。ロゼールには「ジェヴォダンの怪獣」の形をしたお菓子があり、農民やひとつの家族全員を食ってしまった巨大なオオカミの伝説を思い起こさせる。こうしてお菓子は集団恐怖症のはけ口となる。おれたちを食ったやつを、今度はおれたちがむしゃむしゃと食ってやる、というわけだ！

しかし、その場合は、丈夫な歯が必要だ。菓子職人ボヴィリエは**ダン・ド・ルー**「オオカミの歯(牙)」について書いている（Beauvilliers, *L'Art du cuisinier*, 1814.）。これは歯ごたえのいいビスキュイで、アニスをまぶす。

ありがたいことに、森には有害な動物ばかりが住んでいるわけではない。オーストリアでは、たとえば**レーリユッケン**「ノロ鹿の背中」のように、もっとおとなしいお菓子もある。これはアーモンドとチョコレートのお菓子で、焼きあがりに軽く膨らむことから、この名がつけられたのだろう。最後の仕上げに丸いお菓子の端から端まで、薄切りにしたアーモンドを刺す。これはおそらく鹿の背骨を表すと思われる。

Dents de loup

ダン・ド・ルー

6人から8人前
砂糖　250g
卵　6個
小麦粉　175g
レモン　1個
バター　200g
塩，アニス

ボールで，砂糖250gと全卵5から6個を混ぜ合わせる．種がムース状になったら，ふるった小麦粉175g，レモンの皮1個分，塩ひとつまみ，溶かしバター200gを加える．

天板にバターをぬって，粉をはたき，種を適当な間隔で，クロキニョル（砂糖・小麦粉・卵白で作る軽いガトー・セック）と同じ大きさに絞り出す．

アニスをまぶして，高温のオーブンで焼く．

ウルバン・デュボワ&エミール・ベルナール『古典料理』のレシピより．

悪魔の角

コルヌ・ド・ガゼル「ガゼルの角」はこの動物の角の形からそのまま想を得たオリエントのお菓子。基本的な材料はオレンジの花水とパート・ダマンドである。このマグレブ生まれのお菓子は、その形からイスラムの三日月を思わせ、だれからも愛されている。現在では、多くの伝統菓子店で売られている。同じタイプのお菓子がペルーでも作られ、こちらは**カジート**、つまり「小さな角」の名をもつ。使用される材料はヴァニラとブラジルナッツ。

四旬節の時期にはフランスのあちこちで、角の形をしたお菓子をよく目にする。これは悪魔の誘惑、より広く言えば悪霊を遠ざけるためである。角はしばしば魔力をもつと考えられ、そのために多くの伝統菓子に角(コルヌ)がある。コルニュエル、コルヌ、あるいはコルニッシュとも呼ばれるこれらのお菓子は、原則として枝の主日に売られる。ランスでは十九世紀まで、四旬節と聖金曜日に、四本の角をもつパンを食べた。ペリゴール地方では、かつて**コルヌエル**と呼ばれるお菓子が枝の主日の朝に交換された。おそらくこういったパンやお菓子の形には、魔女や呪いを遠ざける力があったのだろう。つまり、これらのお菓子を食べることで、人間は同時に悪魔から身を守ったのだ！

ボツボツとあいたくぼみで構成され、そのなかに美味なネクターが注がれるものはなにか？　もしおわかりにならなければ、あなたのラング「舌」をシャ「ネコ」にやらねばならないだろう（「ネコに舌をやる」で「さじを投げる」の意）！　それは**ニ・ダベイユ**「蜂の巣」。ビール酵母で発酵させたブリオッシュ生地で作るとろけるようなお菓子で、フランス東部に見られる。お菓子に生イーストを使うようになる以前、アルザスの料理人はビール酵母を使用した。ビール酵母はすでにクグロフ用生地に利用されていた。クレーム・パティシエールを詰めるこのお菓子の名前は、生地の発酵中にできる小さなくぼみに由来するにちがいない。

ラング・ド・シャとは無関係。**ラング・ド・シャ**「ネコの舌」は十九世紀フランスに生まれた小さくておいしいガトー・セック。おそらくその名前は、丸みを帯びた形、軽いヴァニラ風味の繊細な味、けれどもまたちょっとざらざらとした外観、すべてを合わせてネコ科動物の舌のようなところからきているのだろう。**ラング・ド・シャ**作りはかなり微妙な仕事だが、それは小麦粉の品質、お砂糖の細かさ、オーブンの温度に依存するからだ。これは工場生産のお菓子にもなっている古典だが、製菓職人の手作り、あるいは自家製の**ラング・ド・シャ**にかなうものはない。

一方、《ダロワイヨー》創作の**シャトン**「子猫」のほうは、フランボワーズのシャーベットをヴァニラ・アイスクリームでくるみ、ホワイト・チョコレートで包んだヌガティーヌの台にのせたもの。

お菓子の名前と形のアナロジーは、シュー生地のお菓子**シーニュ**「白鳥」にも見られる。大きなシューの胴体と翼を表す小さなシューふたつ、そして首となる細長いシューを組み合わせる。クレーム・シャンティイを詰めた**シーニュ**は白鳥のすらりとした姿を連想させ、その軽さと優美さを思わせる。

ネコ科の野獣の毛並はインスピレーションと歓びの源泉になりえる。パリの製菓職人ガリュポーの創作**ティグレ**「トラの縞」の場合がこれに当てはまる。フィナンシエにチョコレート・チップをまんべんなく入れて焼き、てっぺんの穴にチョコレートのクリームを満たす。

同様に、ヘーゼルナッツのガナシュを詰めたサブレ生地のいがいがのお菓子**エリソン**「ハリネズミ」

は、食虫性の小型哺乳類を思わせる。**エリソン**を食べる子供は、ヘーゼルナッツのガナシュが詰まった柔らかくてふわふわの胴体にいきつくために、針に攻撃をしかける。プロヴァンスには**ウルサン**「ウニ」という名の似たようなお菓子がある。ウルサンは動く針をもつ海洋生物で、地中海沿岸に生息する。ラルース辞典では「ウルサン」を「海のハリネズミ」あるいは「海のいが栗」と定義している。つまりウルサンはわれらがハリネズミの海洋性のいとこ、海版のハリネズミというわけ。ふつうは中身だけを食べる。針ごと食べるのは、マゾヒズムあるいは完全なる無分別の行為である。しかしお菓子は「呑み込めないもの」の限界をあらゆる慣習の先に押し進める。おかげで、人間やら動物やら植物やら物体やらの形をしたお菓子をたっぷり詰め込めるのである。

　魔術師の製菓職人の技によって、クマの足、白鳥、ハリネズミその他の哺乳類が食用可能となる。**モワノー**「スズメ」は小さなベニエ、**ニ・ドワゾー**「小鳥の巣」は栗のジェノワーズの巣にドラジェの卵が並ぶ。**シュニーユ**「芋虫」はレモン味のねじった小さなサブレ。《ダロワイヨー》の**コクシネル**「テントウムシ」は、ダコワーズの台に三種の赤い果物のシャーベットをのせた氷菓。大人や子供の口のなかに、魔法みたいに吸い込まれていく。

　ヴァンセンヌ動物園近くのお菓子屋のように、製菓店は動物園に変身する。この店では、緑をしたパート・ダマンドのお菓子は**グルヌイユ**「カエル」だし、**コション**「豚」は当然ピンク色。象の形のサブレ、ムラングのイヌ、ラング・ド・シャ、そしてもちろん、トラやライオンやカメなどなどの形のコンフィズリーも忘れずに！

Cygne à la crème

シーニュ・ア・ラ・クレーム

長い方の径が35cm，高さが15cmの楕円形の型で，ヴァニラで香りをつけたビスキュイを焼く．ビスキュイよりも縦横ともに数cm大きめに薄い生地を焼く．パート・ダマンドで白鳥の首，2枚の翼，尾の骨組みを作る．それを焼き，削って正確な形に整える．できるだけ白鳥に似せてムラング・イタリエンヌを塗りつける．

ムラングをオーヴンの乾燥炉で乾かす．

そのあいだに，白鳥の胴体に似せてビスキュイを下ごしらえする．ビスキュイを横に薄切りにして，切り口にあんずのマーマレードを塗り，切る前の形にもどして，長い皿に薄く敷いたパート・ダマンドにのせる．

ビスキュイに白鳥の首，翼，尾をしっかりとつけ，ごく固く泡立てたシャンティイをビスキュイに塗りつけて，正確に白鳥の形を作る．白鳥のまわりに，水を模してシュクル・フィレを飾る．

ウルバン・デュボワ&エミール・ベルナール『古典料理』のレシピより．

四季

季節の行事にあわせて登場する動物菓子もある。四月一日にはショーケースに**ポワソン**「お魚」の形をしたサブレが並ぶし、アルザスでは復活祭にブリオッシュの**アニョー・パスカル**が見られる。

ポワソン・ダブリル「四月のお魚」つまりフランスのエイプリル・フールは、起源をシャルル九世の王令にもつと言われる。王は一五六四年に一年の最初の日をそれまでの四月一日から一月一日に動かした。お年玉を贈るのは一月一日だけになり、四月一日にはお年玉のまねごと、偽りの伝言、びっくりプレゼントでそのかわりをすることになったという（この日には、魚型のチョコレートやサブレなどを食べる習慣がある。また魚型に切った紙片を気づかれぬように人の背中にとめてからかいあう）。四月一日は、黄道で太陽が魚座を去る象徴的な日でもある。

魚からカタツムリまではただの一歩！　フランス全土のどのブランジュリー＝パティスリーにもあり、避けては通れない**パン・オ・レザン**と同じ形をしているのはもちろん**エスカルゴ**「カタツムリ」。螺旋形からの連想だ。螺旋は干しぶどう（レザン）で味をつけた柔らかな芯で終わる。

お母さんに叱られても、カタツムリの殻をあけて遊ばない子供などいるだろうか？　悲しいことに、動物いじめはお子さま大好きのお遊びである。かわいそうなカタツムリにとっては、避難する以外に解決策はない。どこへ……**パルミエ**「椰子の木」の下に。大きな椰子の葉の形のビスキュイが同

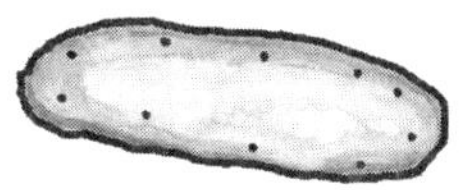

ラング・ド・シャ

パン・オ・レザン

パルミエ

名の樹木を連想させる――同じものがオレイユ・ド・コション「豚の耳」とも呼ばれる。ジェノワーズに栗のクリームとパート・ダマンドを詰めたマロニエ「栗の木」を選んでもいい。そうでなければトルテュ「カメ」のそばに慰めを見いだすか。トルテュはプラリネのビスキュイにムラングのドームをのせ、コーヒーを入れた糖衣でカメの甲羅をまねた格子縞をつける。

第七章

甘味のワルツ

La valse des douceurs

音楽が気分を和らげてくれるものとすれば、お菓子も同じ！　お菓子芸術はわたしたちの五感すべてに訴えかけてくるからだ。わたしたちを魅了する視覚に、わたしたちをとりこにする嗅覚に、わたしたちを包み込む味覚に、わたしたちを安心させる触覚に、わたしたちを恍惚とさせる聴覚に。ヌガティーヌをぽりぽり囓る音、**ミル＝フイユ**のフイユテ生地のさくさくいう音、それ以上に甘美な音楽などあるだろうか？　お菓子をぽりぽり囓ることは、音楽への賛歌、風味のシンフォニーである。

Gâteau Mozart

ガトー・モザール

6から8人前
卵　8個
砂糖　200g
小麦粉　120g
コーンスターチ　120g
ココア　50g
生イースト　小さじ2
いちごのジャム　1カップ
チョコレートの糖衣

卵黄を砂糖とともに湯煎にかけ，泡立て器でよく混ぜる．火からおろし，冷めるまで混ぜ続ける．小麦粉，生イースト，コーンスターチをともにふるいにかけ，卵黄に加える．

卵白をしっかりと泡立て，生地にそっと混ぜ込む．完全になめらかになったら，二分割する．一方にココアを加えて，色の濃い生地と色の薄い生地を作る．円形の型にバターをぬったアルミ箔を敷き，そこに一方の生地を入れて中火のオーブンで30分焼く．もう一方も同様に焼く．

このビスキュイが2枚とも冷めたら，横にふたつ切りにする．こうして白い層と茶色の層が2枚ずつできる．あいだにいちごのジャムを塗って，白い層と茶色の層を一番上に白い層がくるように重ね，お菓子の形を作る．チョコレートの糖衣をかけていちごを飾る．

美食の世紀

お菓子にとって十九世紀は華やかなりし世紀だった。芝居や演奏会、オペラがはねてから街のレストランでとる晩餐や夜食、そして文学サロンからは、これまで前例のないような料理上、美食上、そして製菓上の創作が生まれた。

アレクサンドル・デュマは自著の美食辞典のなかで、お料理やお菓子に音楽関連の響きをもつ名称をつける流行について触れている。トゥルヌード・ロッシーニ（牛のフィレ肉にフォワ・グラとトリュフを添えた料理）から**ファンショネット**にいたるまで、音楽はいわばとことん利用されてきたのである！　製菓職人は売り込みを画策し、音楽界を探しまわって、たとえば**トゥーランドット**、**グノー**、**サランボー**、**ボレロ**などなど多数のお菓子を創作した。ウィンナ・ワルツの流行とオーストリア人気の到来が、おそらく**モザール**「モーツァルト」、**ノクテュルヌ**「ノクターン」、**サンフォニー**「シンフォニー」あるいは**ザルツブルジョワ**「ザルツブルクの人」など、ぐるぐると踊りまわるお菓子たちをいっしょに連れてきたのだろう……

当時は東欧が流行だった。仏露間の友好が話題になり、**シャルロット・ア・ラ・パリジエンヌ**「パリ風シャルロット」は**ア・ラ・リュース**「ロシア風」と呼ばれるようになった。シュクレ生地の土台にシュー生地をリング状に絞り出し、中央にクレーム・バティシエールを詰めた小菓子**ポルカ**や、アントナン・カレームいわく、ポーランドのお祭りのとき作られるという**マズルカ**。人びとはそのリズムにあわせてダンスを踊った。**マズルカ**は四角の甘い板にコリント・レーズンを飾った姿で登場する。

風味の作曲家

交響楽団の構成、あるいはオペラ歌手の適正音域を研究する音楽学者にならって、音楽関係のお菓子をテーマごとに分類することもできるだろう。まず作曲家の姓を名前とするお菓子群。たとえば有名な『ロメオとジュリエット』の作曲者**グノー**――「**ロメオ**」という名のお菓子もある。パリにあるピアノ・メーカーの創設者で、現在プレイエル・ホールにも名を残すオーストリア人作曲家の**プレイエル**。あるいはザルツブルクのではなく、ウィーン菓子の**モーツァルト**!

同様に**ペーシュ・メルバ**や**パヴロワ**など歌姫やバレリーナ、**ベル・エレーヌ**のようにヒロインの名をもつお菓子、あるいは**ピュイ・ダムール**や**トゥーランドット**、**サランボー**、**ボンブ・アイーダ**、**ダーム・ブランシュ**などなど、オペラに捧げられたお菓子を拾い出すこともできる。

オペラ、**ノクテュルヌ**、**ボレロ**、**コンセルト**、**ポルカ**、**マズルカ**、**ポロネーズ**のように、曲のジャ

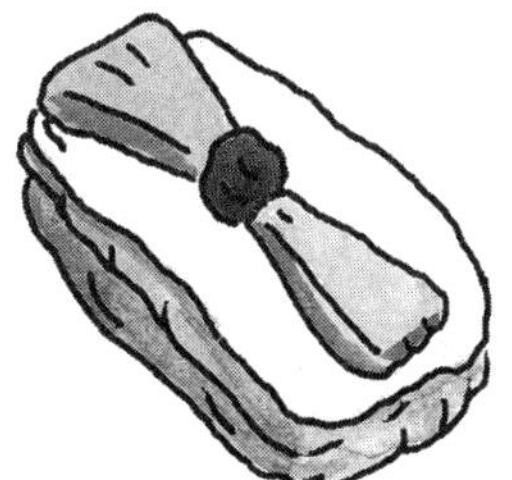

サランボー

ポルカ

ンルを記念するお菓子を集めたグループもできる……これらの名前はどれも物語を隠しもつ。一八九〇年代のパリで、オペラ＝コミック座前に店を構えていた製菓職人が、チョコレートを使った創作菓子のひとつに「オペラ」と名づけた。以来、**オペラ**は偉大な古典となっている。ブラック・チョコレートのお菓子で、おそらくは贅をつくしたオペラ＝コミック座の金泥の絢爛、オペラ・ガルニエ座の豪奢を連想させるために、上部に小さな食用の金箔をのせる。

同様に、ジェラール・ミュロ創作の**ベル・カント**は、製菓職人のジュゼッペ・ヴェルディ好きを物

Polka

ポルカ

10人前
ブリゼ生地　250から300g（サン＝トノレの項参照）
シュー生地　350から400g（サン＝トノレの項参照）
卵　1個

ヴァニラで香りをつけたクレーム・パティシエール　400g（サヴァラン・ア・ラ・クレーム・パティシエールの項参照）

ブリゼ生地をできるだけ薄くのす．

型抜きかタルトレット型で，小さな円盤を切り取る．軽く湿らせた菓子用の天板に並べる．パイ・カッターかフォークで小さな穴をあける．

中位の丸口金をつけたしぼり袋でシュー生地をそれぞれの円盤の上に，縁から少し内側に絞り出し，輪を作る．溶いた卵黄を刷毛で塗る．あらかじめ210℃に熱したオーブンで20分間焼く．オーブンから出したら，中央の穴にクレーム・パティシエールを詰める．グラニュー糖をふり，砂糖がカラメル状になるまでグリルに入れる．

語っている。そのチョコレートの強い芳香はイタリア人テノールの抱擁力を思わせる……《ダロワイヨー》のシェフ・パティシエであるパスカル・ニオ創作のチョコレートとフランボワーズのお菓子**モガドール**は、モガドール劇場におけるオペラ公演の翌日に創作された。バレリーナを意味するポルトガル語の女性名詞**ラ・バヤデール**は、バレエのタイトルというだけでなく、《ルノートル》の氷菓でもある。ピスタチオとフランボワーズとあんずのアイスクリームがマーブル状に混ざりあっている。

楽譜

製菓職人たちは音楽の世界全体から想を得たように見える。まるでひとつひとつの材料がそれぞれひとつの音符を表しているみたいだ。材料の音符を並べていくと完成したお菓子——作品——の楽譜ができるだろう。

パティシエ＝ショコラティエのロベール・ランクスがチョコレートの品書きに並べているのは**ボエーム**（なにもはいっていないチョコレートのガナシュ）、**ファウスト**（フランベしたラム酒のガナシュ）。**フィガロ・ノワール**「黒いフィガロ」は香りをつけたプラリネを黒いチョコレートでくるむ。**リゴレット**はチョコレートのなかにブール・カラメリゼ、さらにアーモンドのプラリネの**トラヴィアータ**。ロベール・ランクスはカカオについてこう語る。「それぞれが独特の芳香、楽器の音やオペラ歌手の声と同じほど貴重な個性をもつ」

製菓用語と音楽用語をイコールで結ぶことができるかもしれない。フラットは前に加えた素材を和らげる——「調子を和らげる」——素材のこと、アレグロは残りの材料に大急ぎで加える材料、あるいは別の材料を刺激して味を引き出す要素、一方ピアノは反対に下ごしらえの味を和らげ、繊細さと器用さを要求する。譜面上では四分音符ふたつにあたる二分音符で、たとえば砂糖や卵に対するバター、あるいは小麦粉の割合を示すこともできる。八分音符や十六分音符は、レモンの皮とかヴァニラ少々とか素材のごくわずかな量を指す。このように詩人のレモン・クノー式に、音楽用語だけを使ってお菓子の専門用語集を作成して楽しむこともできるだろう。

でも「ブリオッシュ」にはご用心！　音楽家の言葉で「ブリオッシュを作る」は弾き間違いを言う。現在でもとてもよく使用されるこの言いまわしは、十七世紀末、オペラの創成期にまで遡る。音を間違えた音楽家は罰金を払わなければならなかった。集めたお金はみんなで食べるブリオッシュを買うのに使われた。「だま」という言葉もまた楽器の出す「調子外れの音」を指すのに使えるだろう。「だま」を作ることは、お菓子作りでも音楽でもお勧めはできない！

音楽の世界と美食の世界は必然的に結びつけられていた。たしかにシャンパンはお菓子に添えて、フルート型のグラスで飲む。**フリュート**「フルート」は楕円形の小菓子でもある。伴奏は、ヌガー製の椰子の実にシュクル・フィレの渦巻きと弦で仕上げをしたお菓子**マンドリーヌ**「マンドリン」。それと生の果物をファランドール踊りの列のように飾り、クレーム・ムスリーヌをかけた軽いビスキュイ、**タンブラン**「タンバリン」。**タンブラン**は菓子職人モデュイの自信作でもある。

ディーヴァ

それぞれのお菓子は独自の歴史と神話をもつ。ときところを選ばず好きに食べるわけにもいかない!

円盤状のフイユテにもう一枚リング状のフイユテ生地をのせて焼き、中央の穴にヴァニラで香りをつけたクレーム・パティシエールを詰め、砂糖をかけてオーヴンでカラメル状にした**ピュイ・ダムール**「愛の井戸」は一八四三年、オペラ＝コミック座における『ピュイ・ダムール』上演にちなんで創られた。

もうひとつの解釈によれば、このお菓子はもともとはすぐりのゼリーを詰めたヴォロ＝ヴァンで、じつはさらに古く十八世紀にまで遡り、当時ブルダルー、コクラン、ストレールの三大パティシエがその完成のために知恵を寄せ合ったという。その名前「愛の井戸」はグランド＝トリュアンドリー通りにある井戸からきているとか。通りすがりの人びとはこの井戸に小銭を投げ込んだ。恋に狂った菓子職人が、このお菓子を婚約者のために創りだしたのかも……

十九世紀の製菓職人にとって、女性歌手とオペラとは貴重なインスピレーションの源だった。クレーム・シャンティイでおおい、砂糖漬けの果物を混ぜ込んだヴァニラ・アイスクリームにチョコレートをかけた**ダーム・ブランシュ**「白き貴婦人」の名を挙げることができる。これは一八二五年、オペラ＝コミック座におけるボイエルデューのオペラ『白き貴婦人』の成功を祝って創られた。「白き貴婦人」という名称と、ベースとなる素材ヴァニラ・アイスクリームのあいだに反論の余地なきアナロジーを見ることができる。一八〇八年、パリに生まれた偉大なスペイン人歌手に敬意を表して名づけられた**マリブラン**は、フランボワーズとグリルしたアーモンドのムラングをかけたジェノワーズ。シューにキルシュで味つけをしたクレーム・パティシエールを詰め、上に緑かカラメルの糖衣をかけて、スプレー・チョコレートをまぶした**サランボー**は、その名をフロベールの小説を下敷きにしたエルネスト・レイエのオペラによる。一八九〇年に創作されたこのお菓子はすぐに大成功をおさめ、いままでも偉大な古典の地位に留まっている。

ペーシュ・メルバ

ペーシュ・メルバは一八九二年、製菓職人オギュスト・エスコフィエにより、オーストラリア人オペラ歌手ヘレン・ミッチェルに敬意を表して創作された。ミッチェルは一八八七年、ブリュッセルのラ・

モネ劇場でヨーロッパにデビューした。

その後、ネリー・メルバの芸名で、まずロンドン、続いてパリでヴァーグナーの『ローエングリーン』を歌う。サヴォイに滞在し、当時このホテルの料理人＝製菓職人だったエスコフィエの料理にひじょうに満足して、偉大なシェフをオペラ公演に招待した。オペラは製菓職人にとって、ひとつの発見であり、魔力だった。回想録でエスコフィエは自分の気持ちをこう語っている。「……『ローエングリーン』第一幕に登場する荘厳な神話の白鳥のことを思い出しながら、わたしはしかるべきときに、銀製の器に入れた桃を出した。桃はヴァニラ・アイスクリームの台にのり、器は氷の塊から彫り出したすばらしい白鳥の翼のあいだにはめ込んであった。全体がシュクル・フィレのヴェールでおおわれていた。わたしのレシピは、完熟した甘い桃、上等のヴァニラ・アイスクリーム、砂糖を加えたフランボワーズのピュレだけで構成されている。この規則から外れることは、どんなことでも、この料理の基本そのものであるきわめて繊細な果物、桃の上品な味わいを台無しにする」

ペーシュ・メルバが社交界に登場するには、一八九八年、ホテル・カールトンが開店し、その厨房をエスコフィエがとりしきるまで待たねばならない。


ムラング、パッション・フルーツ、マンゴー、キウィで作る**パヴロワ**は、一九三五年にオーストラリア大陸を公演旅行したロシア人バレリーナにオーストラリア人のシェフが捧げた創作菓子である。もっと秘密めいた名をもつのは**マスコット**、モカのクリームを飾った円形のジェノワーズで、その

Poires Belle Hélène

ポワール・ベル・エレーヌ

6人前
同じ大きさのウィリアムス種の梨6個を，形のままむき，果柄は残しておく．

砂糖100gをとかした湯を沸騰直前にして，梨をゆっくり煮る．煮汁に梨の蒸留酒を少々加え，梨をつけたまま冷ます．

ヴァニラ棒1本とヴァニラ・エッセンスで強く香りをつけたクレーム・アングレーズをシャーベット製造器で少なくとも2時間固めて，ヴァニラ・アイスクリームを作る．ボール型に抜いて，クープ（アイスクリームなどを盛る足つきの杯）に盛る．それぞれのクープに水気を切った梨をひとつずつ盛りつける．

調理用チョコレート100gを牛乳100ccとバター20gとともに湯煎で溶かし，均質になったらグラニュー糖30gと生クリームたっぷり大さじ1を加える．よくかき混ぜ，火からおろす．
供するときに，温かいチョコレート・ソースを梨とアイスクリームにかける．

名を一八八〇年初演のオドランのオペレッタ『ラ・マスコット』にちなむ。このように、オペラあるいはオペレッタの成功は、お菓子においても同様の成功を保証するようだ。最新の人気ショーのタイトルをわがものとすることで、お菓子の創作者は同時に商業的成功も確保する。おそらくこれが、この時代にお菓子の種類が驚くほど増加したことを説明するだろう。

さらに一八六四年初演のオッフェンバックの有名なオペレッタ『麗し（ベル）のエレーヌ』を讃えて創られた**ポワール・ベル・エレーヌ**の名を挙げることができる。このデザートはシロップで煮た果物にヴァニラ・アイスクリームと温かいチョコレート・ソースを組合せる。「ベル・エレーヌ」という言葉はシュプレーム・ド・ヴォライユ・ベル・エレーヌ「鳥の白身肉ベル・エレーヌ風」やトゥルヌド・グリエ・ベル・エレーヌ「フィレ肉のグリル・ベル・エレーヌ風」のように、さまざまな料理を指すのにも使われる。

ピエール・ラカンは著書『覚書』のなかで、間違いなくオペラに霊感を得たと思われるお菓子をさらに三種挙げている。ヘーゼルナッツとピスタチオの**ガトー・ヴェルディ**、アーモンドとヌガーの**オテッロ**、そして、リヒャルト・ヴァーグナーとニーベルングの指輪三部作へのオマージュ、角笛を飾ったプラリネのお菓子**ジークフリート**。

もうひとつよく知られたデザートに**ファンション**、あるいは**ファンショネット**がある。パート・ブリゼのタルトにクレーム・パティシエールを詰め、ムラングで包む。このお菓子は一八〇三年、ヴォードヴィル座の『ファンション・ラ・ヴェイユーズ』初演歌手ベルモン嬢に敬を表して、こう名づけられた。

今日、オペラの創作はいくぶんか鈍化し、現代の製菓職人はもはや昔日のように、オペラや歌手、作曲家の名前から、自作菓子のために好きなように想を得るわけにはいかない！　しかしながらお店がオペラ・バスティーユ座やプレイエル・ホールなど音楽の殿堂の近くにあるときには、この伝統をひきつぐのが可能なこともある。

プレイエルはホールに隣接する《メゾン・デュ・ショコラ》の古典菓子だが、お茶の時間に薄く切り分けて食べる。気難しいオペラ・ファンはこの店で、チョコレートに目がない有名音楽家たちとすれ違うかもしれない。

もしかしたら、音楽に夢中のどこかの製菓職人のところで、パヴァロッティ、ジェシー・ノーマン、あるいはモンセラート・ガヴァレが創造の途にあるのかも。でも、ご用心！　ちょっとでもブリオッシュがあったら、お菓子はウインドウから引っ込められ……そして幕がおろされる！

第八章

成功の輝き

Les joyaux de la réussite

食品はそれぞれがひとつの象徴的意味をもち、社会的ヒエラルキーのなかにある特定の位置を占める。素材は巧みな調理を経ただけで新たなステータスを獲得する。クロード・レヴィ＝ストロースは著書『生のものと火を通したもの』で食品の調理法を記述し、文化が差異化に作用することを示した。レヴィ＝ストロースは、直火による加熱、熱湯による加熱、あるいは自然の変化（腐敗）という三種類の調理作業について考察している。

パンとお菓子

歴史的に言うと、お菓子は聖職者からの需要によって、とくに製菓職人の先祖「ウブリユー」とあの有名なウブリを通じて発展してきた。ウブリという用語はラテン語で、捧げ物、ホスティアその他の神聖なパンを指すオブラータから派生しているともいう。また中世以降、製菓業が実践されたのは、町民の屋敷、宮廷人や貴族の館、王の宮廷においてであり、菓子職人たちはそこで仕事をとりしきっていた。

フランス革命まで、お菓子を食べることは貴族の特権だった。蜂蜜、砂糖、小麦粉、コンフィズリーなどの素材は高価であり、しばしば特別な贈物にされた。こういった品は、君主が王国の要となる人物にあたえた贈物リストで好位置を占めている。

フランス革命直後、もはや雇ってくれる人びとがいなくなったために、パティシエ＝コンフィズールはやむをえずお店を開いた。たとえばプロヴァンス伯の料理人だったボヴィリエがこれにあたる。

アントナン・カレームのほうは有名な製菓職人バイイのもとで修業したあと、タレーラン公爵（一七五四―一八三八。外交官・政治家・美食家。一八一四年のウィーン会議では、各国代表を豪華な食卓に迎えたことで有名。カレームは一時タレーランに仕えた）の厨房に入り、外交団や王侯を招いてのレセプションで腕を振るった。

製菓職人で『フランス菓子覚書』の著者ピエール・ラカンによれば、「カレームは製菓の古い型を打ち壊し、フランス料理から強烈なスパイスを追放した」。

一八〇〇年から一八一五年のあいだに、製菓職人の露店数はフランス全土でかなり増加した。大都市は少しずつ変化していたので、その変化に適応しなければならず、小さな露店は本物の店舗となっていった。この時期以降、お菓子はもはやお城で食べていた貴族だけのものではなくなり、街へとくだった。お菓子もまたその社会革命を起こしたのである。

バリケードの上で、パンを要求していたパリの民衆はもっといいものを手に入れた。お菓子、である！

ピエス・モンテとウエディング・ケーク

「王家」とは「特権」という意味であり、お菓子も王国をそれにふさわしく代表しなければならない。**ピエス・モンテ**はいわば王宮の象徴である。このタイプのお菓子とそのふたつの基本素材、砂糖とパスティヤージュの周辺には本物の芸術が発展した。

『ラルース美食辞典』の定義を参照すれば、**ピエス・モンテ**は「大型の製菓で、非常に装飾的に形作られる。公式な食事、あるいは宴会で出され、一般的に宴会の目的が装飾の主題を提供する。現在でも結婚式、あるいは洗礼式のさいにはなくてはならない。その特権を失いはしたが、相変わらず製菓職人という職能の芸術的な部分を構成している。ジェノワーズ、ビスキュイ、ヌガー、ドラジェ、砂糖漬けの果物、チョコレート、そしてパート・ダマンドが使われる」(Robert J. Courtine, *Larousse gastronomique*, Larousse, 1984.)

ピエス・モンテは大きく二種に分類できる。「フランス風」と言われる古典は、装飾を施したジェノワーズをのせた数段の台を中央の一本の柱で支える。「スペイン風」は、一段ごとに菓子を飾りつけ、その周囲に複数の柱を立てて次の段をのせるようにして、数段に重ねる。

ほとんど変わることのないこの規則のなかで、それでも製菓職人は想像力を自由に働かせ、自分の選んだテーマを表現する。たとえば竪琴（リラ）、ハープ、コルヌ・ダボンダンス「豊穣の角」（大型の角で、切り口から大地の収穫物があふれ出ている）、戦艦、地球儀、いるか、収穫をつみ取る手籠、四輪馬車、滝、寺院、中国のパゴダ、野外音楽堂など。アントナン・カレームやシブスト、フラスカーティらの製菓職人は、巨大な建造物や白鳥、クジャクなどの動物の姿を再現した技巧的な**ピエス・モンテ**で名を成した。

イギリスの**ウエディング・ケーク**は宮廷菓子の偉大な古典であり、正確な規則に従って、特別の秩序あるやり方で装飾される。エドワード朝のスタイルは規則的な直線と曲線で構成される。イギリスで**ウエディング・ケーク**と呼ばれるものは、非常に濃厚なケーキで、マリネやアルコール浸けにした多数の果物を使い、焼くのには長い時間がかかる。ケーキは二か月から三か月間味をしませねばならず、そのあと厚さ一センチのパート・ダマンド、そしてグラス・ロワイヤルで衣がけする。イギリスの伝統では、最上段を特別の箱に入れて保存し、第一子の誕生時――ときには五年も六年もあと――に食べることになっている。生地がぎっしりと詰まって空気が通らないことから、保存はたやすい。これほど洗練されてはいないが、**ウエディング・ケーク**はベルギー、オランダ、スウェーデンにもある。

アメリカ人も**ピエス・モンテ**の愛好家だが、パート・ダマンドやヌガティーヌ、砂糖漬けの果物などを上手に積み重ねたもののほうを好む。

これら王侯貴族のお菓子に使われる図像のなかで、支配者として君臨するのは**コルヌ・ダボンダン**

ス「豊穣の角」であり、デンマーク、スウェーデン、ノルウェーのようなスカンジナヴィア諸国できわだって多く使用される。

パリの製菓職人ピエール・モデュイは、ヌガティーヌに果物をかたどったアイスクリームやシャーベットを詰めた四十人前の**コルヌ・ダボンダンス**の注文を受けつけている。

伝統的な宮廷菓子には王家の紋章やイニシャルもよく使用される。王冠の宝石を表すお菓子**ディアデーム**は、ディアデーム「略式王冠」の形に似せたもので、あんずを入れたムラング・イタリエンヌのドームに小さなパルミエをぐるっと王冠のように挿し、マラガ・レーズンとアーモンドを飾って、マラスキーノ酒で香りをつける。

ピエス・モンテの高さは特権の高さとは関係ないが、戴冠式、結婚式、洗礼式を祝う王室の**ピエス・モンテ**は必ず白である。

グリニョン城の料理・製菓図書室研究員セルジュ・ギュスターヴ・サンデルはかつてイギリス、イラン、ベルギー、スウェーデン、デンマーク五か国の宮廷で製菓長を務めた経験をもつ。サンデルに言わせれば、採算性というつまらぬ問題のために、今日、このような**ピエス・モンテ**を作ることのできる製菓職人はほとんどいない。

ウエディング・ケークその他の宮廷菓子は、現在ではもはや学校では教えられない。**ピエス・モンテ**は基本的には**クロカンブッシュ**を重ねて作られる。これはカラメルがけをした小さなシューで、その名クロック「カリカリ」、アン・ブッシュ「口のなかで」つまりクロカンブッシュ「口のなかでカリカリ」が表すとおり、口のなかでカリカリと音を立てながら、とろけていく。

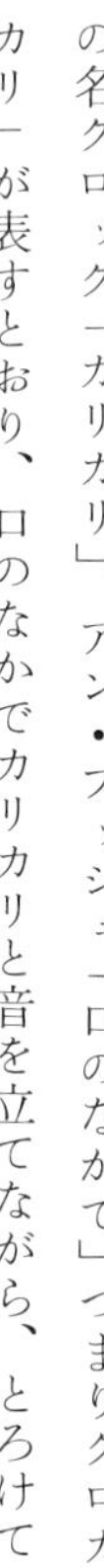

ピエス・モンテ

ギュスターヴ・フロベールが小説『ボヴァリー夫人』に描き出したピエス・モンテは、文学と製菓の年代記に名をとどめている。

「まず下に四角な青いボール箱が殿堂をかたどっていて、回廊も列柱もちゃんとつき、そのまわりには金紙の星をちりばめた龕にはいって漆喰でできた小さな彫像が立っている。ついで第二段にはスポンジケーキの天守閣がそびえ、まわりには鎧草やアモンドや乾葡萄やオレンジを切ったのでかわいい砦ができている。最後にいちばん上の台は緑の野原となっていて、そこに岩があり、ジャムの湖にははしばみの実の殻でつくった舟がうかぶ。チョコレートのぶらんこにキュピッドが乗っているのが見え、ぶらんこの二つの柱のさきは球のつもりでほんもののばらのつぼみがくっつけてあった」(『ボヴァリー夫人』生島遼一訳・新潮文庫・一九六五年・三七頁)

フランスにおける結婚式のお菓子の伝統

結婚式のお菓子は種類も多く、郷土の伝統が深く刻み込まれている。現在、フランス北東部で結婚式の食事に出されるのはさまざまなタルトで、慣習によって、果物、フロマージュ・ブラン(生チーズ)、ジャムなどが使われる。コルシカで結婚を祝うのは、**キュジオル**、**カニストレッツリ**、**フリテッレ**と呼ばれるビスキュイやベニエの山。同様にフランス中部では、祝い客たちの食卓にブリオッシュ、梨のパテ、グジェール、タルト、ゴーフルやゴーフレット、デザートがまさに山のように並べられる。新郎新婦の幸福はお菓子の数に比例するかのようだ。お菓子の種類が多ければ多いほど、ふたりは愛情面でも幸せを得るというわけ! ヴァンデ地方やアンジュー、あるいは低ブルターニュでは、むしろお菓子の大きさのほうが重要だ。ヴァンデとアンジューでは、花嫁の代父と代母がときには直径二メートルにもなるブリオッシュを贈るのが習慣である。同様に低ブルターニュでは、結婚式のお菓子は直径一メートル半にも達することがあり、そのため特別なかまどを作る必要がある。

ガトー・ア・ラ・ブロシュ

かつてピレネ地方では、結婚披露宴がガトー・ア・ラ・ブロシュ「串焼き菓子」なしで終わることはなかった。これはとげとげの突き出た金色の生地の巨大なピラミッドで、高さ一メートル、重さは最大三キロ半にも達することがあり、焼くのに長い時間がかかる。材料はカトル＝カールと共通し、バター、小麦粉、砂糖、ヴァニラとラム酒が主である。

しかしながら「ア・ラ・ブロシュ」つまり「串焼き」の加熱テクニックは、このお菓子の成型にも関係し、ほかのどれとも異なって、実のところ、これをまったく独特のものとしている。円錐形のお菓子の中央を一本の串が通り、一層また一層と焼き重ねていくので、忍耐と技術が要求される。作るには串をまわす助手と硫酸紙を巻いた木の円錐に生地をかける料理人の少なくともふたりの人間が必要である。最低で三十個の卵がいる。

ガトー・ア・ラ・ブロシュは結婚式や家庭のお祝いで食べられ、その形から古典的なピエス・モンテを思わせて、現在でもとても珍重されている。

ロランド・ボナンによれば、「お祭りとお菓子のあいだには相同関係がある。お祭りは内部と外部の交流を促進する。ちょうどお菓子が、農民経済の代表的素材を必要とし、それに異国からの産物が加えられるのと同じである」(Rolande Bonnain, “Un emblème disputé”, in *Mille et une bouches*, Autre-

ment.)。

高貴なるお菓子

シャンボール、トリアノン、ヴァンドーム、コンコルド、マリニー、エリゼ、などなどフランス王国やフランス共和国の豪奢と結びついた特別な場所の建築物を連想させるお菓子の名前は多い。国王の宮廷やサロンその他貴族の私的な空間が製菓職人に想をあたえ、職人たちは創作菓子に貴族や王侯に由来する名前をつけて競い合う。ロワール渓谷のお菓子屋の多くが、名高いシャトーにちなんで、シャンボール、シュノンソー、あるいはアゼ＝ル＝リドと名づけられているにちがいない。

トリアノンはヴェルサイユ宮殿で王妃マリ＝アントワネットが使った離宮だが、キルシュをしみこませたチョコレートのジェノワーズにクレーム・シャンティイを飾ったお菓子でもある。**マルメゾン**はアーモンドとセドラのジェノワーズにオレンジの糖衣をかけたお菓子で、食いしん坊の皇后ジョゼフィーヌ・ド・ボアルネとその居城に捧げられている。ジョゼフィーヌはとくにセドラを偏愛し、マルメゾンはその繊細な芳香に対する皇后の好みを裏切ってはいない。**コンコルド**はブラック・チョコレートとビター・ココアのお菓子。一方**エリゼ**はコーヒーのビスキュイにコーヒーのガナシュをはさんだロール菓子である。

お菓子の歴史をひもとけば、その製法に名をあたえたエピキュリアン貴族の名前が見つかる。ルイ十三世時代のローマ人侯爵ドン・チェーザレ・フランジパーニは名前をアーモンド・ベースの有名なクリーム、フランジパーヌに残している。

威信ある有名人に関係するお菓子のなかには、**シュリー**、**リシュリュー**、**マザラン**がある。さらにシャトーブリアンとスタール夫人の友だちで、王政復古期にアベイユ・オ・ボワで開いていたサロンで有名なレカミエ夫人（一七七七―一八四九）に敬意を表した**レカミエ**もある。

製菓店《フォション》は、フレーズ・デ・ボワ（野いちご）とルバーブをベースにし、カラメルがけをした挽き割り米を詰めた**タルト・シシィ**（「シシィ」はオーストリア皇帝フランツ＝ヨーゼフ一世の妃エリザベートの愛称）を作っている。このお菓子をぽりぽりと食べれば、ウィンナ・ワルツにのって旋回する舞踏会のドレス、あるいはまたオーストリアの牧場（まきば）の芳香が頭に浮かぶ……

当然ながら、わたしたちは文学と詩へと導かれる。文学者や詩人の名にもやはり威光がまつわる。これに当てはまるのは**ランボー**。アーモンドのジェノワーズに梨を詰めたもので、たとえばランボーの自然頌歌を読みながら食べてもいい。**モンテスキュー**はピスタチオ風味のマカロンが好物だったのだろうか？　とにかくこの種のお菓子のひとつがモンテスキューに捧げられている。

聖書を思わせるのが、製菓職人ガリュポ作の**パトリアルシュ**「族長」。尊敬すべき老人は、小さな薪、あるいはその人物の家系図を連想させるピラミッドの形で表されている。

一方アレクサンドル・デュマのほうは、自作の主人公、マルセイユ沖シャトー・ディフの牢に放り込まれた**モンテ＝クリスト**伯が、いつの日か梨とミラベルのお菓子となって人の口にはいるとは思ってもいなかっただろう。しかもこれは、マルセイユのライヴァルともいうべき港湾都市ロシュフォールとラ・ロシェル両市の名物である！

戦略・戦術もまた製菓職人に想をあたえ、マキャベリとかコルベールとかを誕生させた可能性もあったかもしれない。しかし製菓職人たちは、比類なき外交官**マザラン**に敬意を表するほうを好んだようだ。これは厚いジェノワーズの中央をくりぬいて、シロップ漬けの果物を詰めたお菓子である。

一方製菓職人ジュール・グフェは、同じ**マザラン**という名を、サイコロに切った砂糖漬けのセドラをクレーム・オ・ブールに加え、発酵生地の台にはさんだお菓子につけている。

お菓子の貴族

貴族と知り合いになり、宮廷生活をのぞいて見たいなら、さまざまな選択肢がある。ラム酒入りの糖衣をかけたアーモンドのお菓子**アンファント・ド・ボルドー**「ボルドーのスペイン王女」、シャルロットに似たデザート、**マルキーズ**「侯爵夫人」、ヴァニラの糖衣をかけた栗とあんずのお菓子**プティ・**

デュックあるいは**アルシデュック**「オーストリア皇子」、**コルネ・ド・デュシェス**「伯爵夫人の角」、**ジェロルスタン**はこの名をもつ公爵夫人の名をとっている。**プランス・クロカン**「ぽりぽり王子」、キルシュとアーモンド入りのジェノワーズを使う**プランス・アルベール**「アルバート殿下」、あるいはアーモンドとクリーム、ピスタチオのジェノワーズの**フランソワ・プルミエ**「フランソワ一世」。

まだまだ選択の余地はある。ヴァニラで糖衣をかけたあんずとアーモンドのジェノワーズ、**プランタジネット**。あるいはやはり王家に連なる家系の**メディシス**、頂点には**アンペリアル**「皇帝風」――ビター・チョコレートとマンダリン・オレンジのムース、ジェラール・ミュロ創作のお菓子だ。

もしもわたしたちの興味が宮廷の陰謀のほうに向いているならば、プラリネとあんずのお菓子、**ポンパドゥール**を味わってみるのがいいだろう。宮廷婦人に近づく興奮が得られる。あるいは名高い侯爵夫人へのオマージュ、**セヴィニエ**。才気煥発な女流文学者、もてなし上手の女主人、チョコレート愛好家のセヴィニエ夫人は、美食道にその名を冠したお菓子を残したのみならず、チョコレートとキャンディのチェーン店の名前の由来ともなっている。

得意にさせる名前

フランス料理にはソースやつけあわせの名称として、貴族の名を使ったごますり的な名称がたくさんある。クロディーヌ・ブレクール＝ヴィラールは著書（*Mots de table, mots de bouche*, Stock.）のなかで、アンシャン・レジームの料理について触れているが、その特徴は「提督風」「元帥夫人風」「王女風」「シャンボール城風」あるいは「伯爵夫人風」などの仰々しい表現で、ソースに使われるフォワグラやトリュフ、雄鶏のとさかといったような素材の高級さと繊細さを同時に表していることだ。

お菓子のなかには歴史と直接にかかわり、物怖じせずに有名な戦闘や闘いにちなむ名をもつものもある。敗戦よりも勝利が問題になることが多いのは言うまでもない。**リヴォリ**（一七九七年、ナポレオンがオーストリアに勝利をおさめたイタリアの村）や**アブキール**（エジプトの地名。ナポレオンのエジプト遠征戦勝地）の名が挙げられる。反対に、ショーケースにワーテルローはないが、意外にもサヴァランにムラング・イタリエンヌを飾りつけた**マリニャン**（スイスに対するフランソワ一世の戦勝地。現在はイタリア領）がある。

これら特別な意味をもつ歴史上のエピソード名は、おそらく、激動のフランス史を通じて、万難を排し道をかき分けてきたお菓子道の勇猛果敢な精神を証明しているのかもしれない。

貴族と聖職者

偉大な製菓シェフはまた、社会のなかのさまざまな職能が歴史的に培ってきた威信を理由に、それをお菓子名につけてなおさらその価値を高めもする。尊敬される職業のなかで、聖職者は第一の位置

トリアノン

リシュリュー

を占める。**サクリスタン**「聖具室係」、**プレラ**「高位聖職者」、**アルシュヴェック**「大司教」、**カルディナル**「枢機卿」など、聖職者の位階は、お菓子の名称に大きな場所を占める。**カルディナル**の赤い果物は、おそらく暗赤色の衣からきている。ヴァニラのジェノワーズとフランボワーズのグラセ、**タンプリエ**「テンプル騎士団員」は、この修道会のカラーである白と赤から想を得ている。しかしながら、そこからこのお菓子自体が正真正銘の味覚十字軍だと推論するのは好ましいことではない！

お菓子の貴族のなかには、帯剣貴族の立派な代表もいる。たとえば**リシュリュー**（ルイ十三世の宰相リシュリュー枢機卿の甥で、フランス元帥。美食家・艶福家として名高い）――最初の型はジュリアン兄弟によって創られた――はサヴァランの一種。固く泡立てた卵白、砕いたアーモンド、フランジパーヌをベースに糖衣をかける。**セナトゥール**「元老院議員」はビスキュイ・ド・サヴォワにヴァニラ・クリームを詰め、糖衣をかぶせてさくらんぼうをのせる。**レジャン**「摂政」はおそらく一七一五年から二三年までフランスの摂政だったオルレアン公フィリップに敬意を表して創作され、この名が意味する職能ゆえに威信あるお菓子と言える。同様に**マジストラ**もかしこまってお味見させていただくべきだろう。マジストラ「司法官」とは法律関係についてはばっさりと判決をくだす資格をもつ人物だから。幸いなことに、お菓子関係についてはなんの権威もないけれど……

選択の余地はまだある。ジェノワーズにオレンジの糖衣をかけた**カルディナル**。**タレーラン**はパイナップルのサヴァラン、**マレシャル**「元帥」はキルシュで香りをつけたクレーム・パティシエールをジェノワーズにはさんだもの、さらに繊細の極みは、オレンジ・リキュールで香りをつけ、クレーム・パティシエールをはさんだジェノワーズ、**マンダラン**「中国の高官」である。

外交関係

より現代的なお菓子では、**ディプロマット**「外交官」が**アンバサドゥール**「大使」や**フィナンシエ**「金融家」、**ミニステリエル**「大臣の」とお似合いだろう。ガリュポ創作の**アンバサドゥール**はクレーム・ムスリーヌとトロピカル・フルーツ。国会議事堂近くのお菓子屋で見かけた**ミニステリエル**は一種の果物入りのババロワ。確実性を求めるなら、もっと任期が長くて波風は少ない**プレジダン**「大統領」を選んでもよい。**プレジダン**はヘーゼルナッツのチョコレート・クリームをヘーゼルナッツのムラングにはさんだお菓子。一方リンカーン大統領は、あんずを使った一種のババ、**リンカーン**のおかげで、お菓子の分野でも後世に名を残したことを喜ぶにちがいない。職務を遂行するためにお菓子を食べるのか、お菓子を食べて職務を遂行するのか……たいした違いはない！

自分の正体を上品かつ洗練されたやり方で明かすには、アーモンドとチョコレート、キルシュのお菓子、**カルト・ド・ヴィジット**「名刺」を選んでもいい。ラカンによれば、これは「非常に薄く、見た目がよい」。反対に表舞台に立たず、自分の系図や特質をこれ見よがしにしないほうがいい時代もある。**ノン・オトリゼ**「許されない」の場合がこれにあたる。このお菓子は一八八二年にニオールの製菓職人ジャコメラがシャンボール伯に敬意を表して創作した。シャンボール伯はブルボン家唯一の相続人であり、王党派からは奇蹟の子として尊敬されたが、チェコに亡命した。正統王朝派の頭目シャンボール伯は、この当時、好ましくない人物として、フランス領内への入国がノン・オトリゼ「許されなかった」。

第九章

他者への視線

La vision de l' autre

お菓子は自分の領土、その国境線を多かれ少なかれ明確に画するものである。レシピや地域的特色、フォークロア、名称などによって特徴づけられるフランス菓子の地図帳はたやすく作成できる。干しプラムの**クルスタード**はロ＝テ＝ガロンヌで作られ、一方**クイニャマン**はブルターニュからやってくる。**クグロフ**を食べるのはアルザスだし、**カカヴェッリ**はコルシカだ。お菓子はまたその地方名でよりはっきりと名指しできる。**ナンテ**「ナントの人」、**ピティヴィエ**（オルレアン北東の郡庁所在地）、**ガトー・バスク**「バスクの菓子」、**サブレ**、**ビスキュイ・ド・ランス**「ランスのビスキュイ」、**ガトー・ド・コンピエーニュ**「コンピエーニュの菓子」、**カリソン・デクス**「エクスのカリソン」、**ブリオッシュ・ヴァンデアンヌ**「ヴァンデのブリオッシュ」、**ヌガー・ド・モンテリマール**「モンテリマールのヌガー」、**プティ・フール・ド・ビアリッツ**「ビアリッツのプティ・フール」、**ニソワ**「ニース人」、**トゥルザン**「トゥールーズ人」、**トゥルヴィル**（英仏海峡沿岸の海水浴場）、**ナルボンヌ**（南仏・地中海沿岸の都市）……

職人仕事と名物

愛好家への警告。原産地以外の都市や地方で購入した美食上の名物はすべて疑ってしかるべきである。関心をもつ価値さえあるだろうか？　実のところ、**ベティーズ・ド・カンブレ**「カンブレのへま」をこの北フランスの街カンブレ以外で買う人などいるだろうか？　よそで作られたものは、おそらく陳腐なまがい物だろう。

地域を限定する形容詞は、そこの製品なら許容できるという職人圏を明確にする。それを越えれば、料理の国境地帯に入り込むことになり、さらにその先は、悪しきコピー、工業製品、着色料その他の合成食品の天下である。お菓子は郷土、名産の果樹、個性、独自の製法を誇りにしている。ショーケースのなかで、一列に並び、たがいに冷ややかに見つめ合うお菓子たちのあいだでは不毛な会話が生まれ、外観と使用法とを比べて競い合う。「あなた、あなたは季節物にすぎないでしょう。あたしは一年中、宗教儀式の中心にいるのよ」あるいは「きみは個人相手だな。ぼくは貴族だ。特別なとき、大勢の人のために存在するんだ」。

お菓子においては、名称はしばしば他者への視線を反映し、エキゾティスムの痕跡を残す。そこには方法論上の、あるいは技術上の意味合いがともなわれる。クレーム・アングレーズ「イギリスのクリーム」は、なにかイギリス人から得るところがあったのだろうか？ あるいは**オムレット・ノルヴエジエンヌ**「ノルウェー風オムレツ」は……ノルウェーに？ **ヴィエノワズリー**「ウィーン趣味」は現在ではウィーンよりパリでよく食されるし、パリでのほうがよく知られている。それでもなお、物語や歴史上の逸話はわたしたちをしばしばオーストリアの首都へと誘う。

お菓子は国境線とその風味とを変化させながら発展していくとしても、まず第一には、郷土の伝統を大切にするのであり、それは村々の特権と誇りとに糧をあたえる。どこかの村や地方の入口にこんなふうに書かれた看板が立っているのも珍しくはない「……にようこそ。銘菓……をご賞味ください」

エキゾティスム

それではお菓子の名称として、エキゾティックな異国風の響きをもつ名前を借りてくるのはどんな理由によるのだろうか？「エキゾティスム」とは地理的な隔たりの概念を表すための総称であり、それが表す土地の特徴は湿度が高くて暑い開放的な自然環境で、必ず特産のアルコールがある。他者性はまた、たとえば肉体的な外観や生活習慣、あるいは慣習のような文化人類学的差異にも関連する。「西洋はエキゾティスムを風味と官能への誘惑としてとらえることによって、その文明が優越性をあたえる思考の領域からそれを除外した」(Jean-Pierre Hassoun et Anne Raulin,《Homo exoticus》, in *Mille et une bouches*, Autrement.)

風味の実験室であるお菓子は、主としてこの官能を帯びたエキゾティスムの視点を発展させてきた。

カボスから板チョコまで

チョコレートの歴史にはこのエキゾティズムが特徴的に見られる。マヤ人とアステカ人にとって、チョコレートは神聖な飲み物であり、また交換貨幣でもあった。大西洋を渡ったカカオ豆は、王侯貴族の渇望の的になった。エルナン・コルテスが中央アメリカからもち帰ったカボス（カカオの果実のこと。このなかにカカオ豆が入っている。一本の木から年平均二十五〜三十個のカボスがとれ、乾燥したカカオ豆に換算すると一・五〜二キロに相当する）は世界に広まり、新たな商品価値を獲得し、そのアイデンティティーを変化させた。この新しい飲料は変化し、スパイシーな特徴を失って、甘い飲物となり、カフェで飲まれるようになった。

二十世紀の初め、チョコレートの産業的・植民地的開拓はアフリカの大地でおこなわれた。

お菓子のパンテオンで、チョコレートは第一級の地位を占める。名高きカボスはあらゆる種類の名称を生み出した。

最高の豆を求めるパティシエ＝ショコラティエは、立派な地理学者のように、諸大陸の地図だけでなく、ベネズエラのチュアオなど豆の品質が高いことで知られる地方の地図までも研究する。さまざまな創作菓子は、ショコラという基本的素材、その詩的な響き、エキゾティックな名前から想を得ることができるだろう。

チョコレート色

貴重なお菓子を包む包装紙を開きながら、チョコレート愛好家は、高級カカオ豆特産地カラカスへの旅を夢想することも、チョコレートのジェノワーズ、チョコレートのムース、オレンジのムース、そしてコワントロー風味のオレンジ・アイスクリームが層になった**アカプルコ**の海岸に身を投げ出すこともできる。さらにブラジルはリオの有名な地区**イパネマ**を食べながら、日光浴もできる。**イパネマ**はジョコンドと言われるアーモンドのビスキュイにコワントローをしませ、ブラック・チョコレートとホワイト・チョコレートのムース、そしてキャラメル味のアイスクリームを組合せたお菓子。同様に、製菓店《ダロワイヨー》では、空想を誘う名前のお菓子**カリオカ**がある。祭りが始まり、カリブ産チョコレート六十七パーセントのチョコレートとヘーゼルナッツのムース、**サンバ**が通りを活気づける。わたしたちの舌乳頭にダンスをさせるために、マビヨン街の《ガリュポ》がこのお菓子を創った。でも**クー・ド・ソレイユ**「日焼け」にはご注意！　これはクレーム・ブリュレのあまり学術的とは言えない別名。チョコレートは、中南米、カリブ海の島々とその天国のような自然と一体化する。

宝島

ルトゥール・デ・ジル「島々からの帰還」はしばしば難しい。ラム酒風味のビスキュイ・バヴァロワとチョコレートのジェノワーズを添えたこのチョコレートのデザートは、島で過ごしたヴァカンスの甘い思い出をよみがえらせる。人はそれを郷愁とともに味わう……**カライブ**はこれらカリブ海の島々全体の総称、ムース・オ・ショコラを詰めたジェノワーズとココナッツのバヴァロワでできたお菓子。一方、パリ・モントルグイユ通りの製菓店《ストレール》は**バルバード**「バルバデス諸島」への愛情にとり憑かれ、それはショーケースのなかで、チョコレートのムースとジェノワーズにいちじくといちごをのせたお菓子になった。製菓職人ジェラール・ミュロのほうは大旅行の途中、北米西部の伝説の都市、砂漠への入口、**サンタフェ**に立ち寄ったにちがいなく、いまやその名はコーヒーのムースとチョコレート、カラメルがけしたヘーゼルナッツのビスキュイ・ザッハで作るお菓子を指す。しかし旅はまた、ニューヨークの有名な地区**ハーレム**へと導くこともある。**ハーレム**はドーヴィルのモルニー広場に店をもつ製菓職人J＝J・セルジャン創作のお菓子。

チョコレート世界一周

愛好家のなかには歴史学者として行動するほうを好み、カカオの歴史に関係するお菓子の一覧表を作成する人もいる。ここでは**アステック**「アステカ」、あるいは**モンテスマ**――アステカ最後の皇帝――の名が書きとめられる。名称のほとんどはチョコレートの近代史のみに集中している。つまりアフリカが舞台だ。バスティーユ広場の製菓店で謎めいた名前のお菓子を見つけたときにはびっくりした。**マジェラン・フォルス・ノワール**「マゼラン、黒い力」。ポルトガル人航海者マゼランは初の西方航路による世界周航に出発し、アメリカ大陸の南に太平洋に通じる海峡を発見した。しかしチョコレートを発見したのはマゼランではない。航海者の名前に意味もなく「黒」という言葉を結びつけようと決めたこの製菓職人は、歴史を修正しようというのだろうか?

アフリカの印象

お菓子は神話世界の聖人を思い起こさせる手段でもある。たとえばアフリカ出身と考えられている東方三王のひとり**バルタザール**は、驚きに満ちた豪奢なブラック・チョコレートのお菓子で、砕いたアーモンド、ウイスキー、コーヒーとフィンガー・ビスケットが使われている。聖書に登場する伝説的人物、**レーヌ・ド・サバ**「シバの女王」は、チョコレートのお菓子。円形をしていることが多く、泡立てた卵白で軽くしたチョコレート入りのビスキュイ生地で作り、小麦粉のかわりに粉末アーモンドを使うこともある。

エチオピア王国は製菓職人に想をあたえる。**アビサン**「アビシニアの人」、あるいは**ネギュス**「エチオピア皇帝」。**ネギュス**は、一九〇一年、ヌヴェールの糖菓職人グルリエがメネリック皇帝のフランス公式訪問を記念して創作したチョコレートのソフト・キャラメル。エチオピアから想を得た名称は、ブラック・チョコレート、くるみ、プラリネを混合したお菓子を指すのに使用された。お菓子はアフリカの角の住民の顔色に似ていなければならなかった。現在では、製菓職人は同じタイプのお菓子を示すのにアンブレ「琥珀色」という用語のほうを好む。

マルガーシュ・ココ――ココナツ味のマルガーシュ「マダガスカル人」――はパリのサロン・ド・テ《アンジェリーナ》の銘菓。多くのお菓子屋で重要な位置を占めてもいる。

植民地時代

植民地時代、産業界と職人たちはひとつの製品を売り出すために、黒人のイメージを気安く取り入れた。植民地に対する温情主義的な、あるいは偽善的な表現は皮膚の色とチョコレートの色のアナロジーを利用した。この時代、もっとも特徴的なイメージはバナナとカカオの粉で作った朝食用ココアの広告で、セネガルの現地人歩兵を使った「ヤ・ボン・バナニア」（バナニア、オイチイアル）である。発想の源は「ブラック・パワー」をつけるカカオと、微笑みとエネルギーを意味するバナナだった。ブラック・パワーからブラック・マジックまでは一歩しかない！　アフリカ大陸と結びつけられたステレオタイプのエキゾティズムは、魔力とトランス状態とを前面に押し出そうとする。名称そのものがお菓子の魔力を創り出す。たとえば**マジ・ノワール**「黒魔術」はプラリネがけしたかりかりのヘーゼルナッツのチョコレート・ムースとチョコレート味のビスキュイ・シュクセの巧みな錬金術である。

皮膚の色とデザートに使われるチョコレートとのアナロジーは、一連のお菓子に見られる。それはある時代にはほとんど機械的に使用された。**テート・ド・ネーグル**「黒人の頭」は半球型のムラング二個を張り合わせた球に、クレーム・オ・ブール・ショコラをかぶせ、チョコレートとココナッツをまぶしたお菓子。**ネーグル・アン・シュミーズ**「シャツを着た黒人」はブラック・チョコレートとコーヒー、粉糖をベースに作る。**ベゼ・ド・ネーグル**「黒人のキス」は小さなゴーフレットにチョコレートをかぶせたボンボン。さらに植民地時代に使用された用語を反映する**ネグロ**「黒人」、**バンブーラ**「アフリカの踊り」もある。お菓子のメタファーが婉曲な表現を使ったり、繊細な心遣いをすることはなかった。少なくともそう確認はできる。当時、これらの名称はショッキングとも人種差別的とも考えられていなかった。

五十年代までは日用品にもまたこの種の名称がつけられていた。プティ・ネグロ「小さな黒人」印パンツ、「ネグリータ」ブランドのラム酒、「ネグ」印の靴墨などなど。現在、これらの用語は差別的となり、黒人に対する侮辱と見なされて、いまでもショーケースに**バンブーラ**、**ネグリヨン**「黒人の子供」、あるいは**ベゼ・ド・ネーグル**をあえて並べている製菓職人はほとんどいない。

最近ある女性が、この種のお菓子を売っていた町のブランジュリー＝パティスリーを、反人種差別主義団体（ＭＲＡＰ）の仲介で告発した。職人は非常に古典的なお菓子を同業者たちと同じ名で呼んでいたが、びっくり仰天、申し開きをするため法の前に呼び出されたのである！

五大陸

エキゾティズムはカライブやアフリカに限られているわけではない。それどころかお菓子は地球上のあらゆる土地を連想させる。

東欧諸国も**モスコヴィット**「モスクワ人」や人を酔わせる**ポロネーズ**「ポーランド娘」、**マズルカ**に限られない。**モスコヴィット**はアーモンドとチョコレート。**ポロネーズ**はウォッカとクレーム・シャ

タルティーヌ・グレック

クー・ド・ソレイユ

トランシュ・ナポリテーヌ

ポロネーズ

ンティイのお菓子。**マズルカ**は渦巻き形でこの名をもつ舞踊を連想させる。**オングロワ**「ハンガリー人」は砂糖漬けの果物とアーモンド。あるいはまた**ビュルガール**「ブルガリア人」もある。**カリンカ**はロシアに想を得たお菓子で、ビスキュイ・サブレとフランボワーズの土台にフロマージュ・ブランをふんわりとのせかためて、ロシアの雪に覆われた草原を再現する。創作者クリスティアン・コンスタンは、歌がはやっていて、「カリンカ、カリンカ、カリンカ……」と口ずさんでいたころに、このお菓子の名をつけた。

緯度を変えれば、パリ十五区の菓子職人アシーユの得意菓子**パプー**「パプア」がわたしたちをニューギニアへ、そして**ヌメア**がニューカレドニアに、パイナップルのお菓子**トランシュ・タイティエンヌ**「タヒチの一切れ」がポリネシアへと連れていく。

子供のころ、わたしたちはむしろ**トランシュ・ナポリテーヌ**「ナポリの一切れ」を食べたものだ。今日、旅の目的地は違うが、原則は変わらない。製菓職人カドールは厚さ一センチもある四角のパルミエ二枚にフランボワーズのジャムをはさんだ**タルティーヌ・グレック**「ギリシアのパン・スライス」を売り出している。これはギリシアの伝統的朝食なのだろうか？　味覚は洗練し、多様化する。旅と観光の時代にあって、お菓子の名前は、遠く異国へ向ける視線と夢とに対応する。食通は冷静な頭を保ったまま旅立ち、風味を識別しなければならない。

つまりあるお菓子を食べることは、他者性の研究というよりは旅への誘いである。使われるイメージはステレオタイプで、ときには時代遅れだが、つねに風景、香り、光、植物、果物、風味を思い起こさせる。お菓子は、これら遠くの国々の住民の特質、慣習、風俗を正確に反映することにはこだわらない。

第十章

間違いは
人間のなせる業

L'erreur est humaine

古いことわざ「オムレツは卵を割らなければ作れない」を、お菓子創造史の序言として、じっくりと考えてみることもできるだろう。特定のある職人の創造力のなせる業と思われているものが、最初は技術上の間違いだったという事実が、はっきりと書き残されることはめったにない。**マンケ**「失敗作」は語源から言って、その例外である。お菓子の間違い、**マンケ**は十九世紀の名高い製菓職人フェリックスが、自分の意志とは関係なく創造した。**ビスキュイ・ド・サヴォワ**を作っていたとき、フェリックスは卵白を泡立てながら分離させてしまい、お菓子そのものは失敗した。生地を完全に無駄にしないために、名案を思いつき、大急ぎでそこに溶かしバター、アーモンドを加えて焼きあげ、全体をプラリネのビスキュイでくるんだ。このお菓子は非常に評判がよく、レシピを革新せざるをえないと考えたフェリックスは、自分の仕事と失敗とに正直であろうと、これに**マンケ**と名をつけた。

プロやアマチュアの菓子職人、家庭の主婦が、取り返しがつかなくはならないまでも、もともとのレシピをちょっと逸脱してしまうのはよくあることだ。世代から世代へと学ばれ、伝えられてきた作業は、逸脱し、新たに展開してもよい。

《ダロワイヨー》の製菓シェフ、パスカル・ニオにとっては、味覚の追求と好奇心から引き起こされる小さな過ちが、しばしば創造的で有益な結果をもたらす。製菓職人は単なる実行者ではない。芸術家であり、発見者でもある。

パリのロワイヤル通りにある製菓店《ラデュレ》の製菓シェフで副社長のピエール・エルメ（当時）は、自分の仕事に対してオーケストラの指揮者のように接する。製菓職人は、楽譜、つまりレシピを厳格に自分のものとしなければならない。自分が追加するひとつひとつの楽器、風味について繊細な感覚をもっていなければならない。製菓職人はすべての和音を調和させるために、一回ごとにひとつの解釈をあたえ、作品全体を把握することによって、知的な作業をおこなう。新たなタッチをあたえるために、小さな間違いがときにはふたたび使われ、取り込まれることもある。ピエール・エルメに言わせれば、「お菓子はちょっとした欠点をもつとき、美しくなる」。

クリスティアン・コンスタンにとって、製菓職人の職能は、ひとことで言えば、ひとつの厳密な数学であることに間違いはない。全体を再現する、計測する、比較する、結論を引き出す、割合を小数点一個にいたるまで厳密に確認する。レシピを書かれているとおりに適用し、実行することは、ひとつの再生産可能な行為となり、加熱の過程においては、すべての行動時間が厳格に測定される。言うまでもないが、こういったことのすべてがコンスタンを退屈させる！

クリスティアン・コンスタンによれば、職人は自らの基礎を記述されている古典伝統におく。しかしながら、個人的記憶、香りに対する好み、風味とその可能な組合せについて真の直感をもっていなければならない。素材それぞれの強さにしたがって割合を決め、ひとつにまとめなければならない。革新するためには、あまりにも決まりきった束縛から逃れるのが原則である。しかしなにごともただではすまない。事故は新たな組合せへと扉を開くこともある。反対に、ある種の組合せは明らかに味覚上の過ちと言える。たとえばチョコレートとラヴェンダー。「このチョコレートを食べながら、わたしは自分のオーデコロンをその上にひっくり返してしまったような気がした！」とコンスタンは言う。

宗教共同体は歴史によって忘れ去られた複雑なレシピを、門外不出で保存していることで評判が高い。しかし伝説によれば、マルムティエ大修道院の修道女アニエスは、不器用にも少量の生地を熱い脂のなかに落としてしまったらしい。アニエスには不本意のことながら、この失敗からシュー生地の熱く甘いベニエ、有名な**ペ・ド・ノンヌ**「尼さんのおなら」、あるいは**スピール・ド・ノンヌ**「尼さんのため息」が創造された。

この種の創造行為の第二の教訓は、郷土のよい産物を無駄にしてしまうよりは、なんでもいいから試してみるほうがましということだ。ソローニュのラモット＝ブロンでホテル＝レストランを経営していたタタン姉妹の逸話をつけ加えておこう。姉妹がりんごのタルトを作っているとき、型が手から落ちて、哀れなタルトは上下逆さま、生地を上にしてひっくり返ってしまった。失敗を隠そうと、姉妹は生地を上にしたまま食卓に出した。お菓子の古典となった**タルト・タタン**もまたこのとおり、へまの賜物である。

Pets de nonne

ペ・ド・ノンヌ

ペ・ド・ノンヌ30個分
ジャガイモ　200g
砂糖　40g
塩　ひとつまみ
バター　50g
オレンジの花水　さじ1
水　80cc
卵　2〜3個
粉糖

皮をむいたジャガイモをゆでる．水を切り，砂糖，塩，バター，オレンジの花水とともにつぶしてピュレ状にする．わきにおいておく．

水80ccを沸騰させる．ジャガイモを入れてよくかき混ぜる．火を弱め，種から水をよくとばすようかき混ぜる．火からおろし，卵2〜3個を加える．

揚げ油を熱する．熱い油のなかに，小さじほどの大きさの種を落とす．数分間熱する．

ペ・ド・ノンヌがきれいな色になったら，穴あきの玉じゃくしであげ，油を切る．熱いうちに粉糖をかけて供する．

クイニャマン

クイニャマン、この歴史あるお菓子はブルターニュの海の男たちにとっては燈台のようなものだが、やはり「失敗」の成果かもしれない。ドゥアルヌネのパン屋のおかみさんがパン生地の切れ端の上にうっかりバターを放置し、溶かしてしまったらしい。おかみさんは生地とおいしい塩味のバターを無駄にしたくはなかったので、生地を何度も折りのして、お菓子を焼いた。以来それは**クイニャマン**、つまりブルターニュの言葉で「パン・オ・ブール」と呼ばれている。

シャモニーの製菓職人ジャンとエルベ・フルリの新作ガレットは形がいびつになってしまった。このカラメルがけのクレープ生地で作る格子縞模様のガレットを、客たちは**スメル・ド・ギッド**「ガイドの靴底」と名づけた。それ以来、このお菓子はフルリの店の「待避所」菓子となっている。お菓子やチョコレートに名前をつけるのに、シャモニーの製菓職人たちはアルプスの山並みから想を得てくる。**ベレ・ド・シャモニアール**「シャモニー男のベレー帽」や**エブリ**「崩れた石の山」、**アヴァランシュ**「雪崩」。事故……美食上の……にご用心！

へまのことを言えば、もっと子供っぽい起源をもつものもある。**ベティーズ・ド・カンブレ**「カンブレのへま」がそれだ。糖菓職人の若い徒弟エミール・アフシャンがボンボンの材料の割合を間違えたらしく、気泡ができてしまった。そこで徒弟の同僚や家族がこう言ったのだろう。「へまをしたね、でもそう悪くはない」カラメル状の砂糖で黄色い縞をつけたミント風味のこの小さなボンボンは、それ以来、世界的名声を誇っている。ベティーズ「へま」は、ドイツ、イタリア、そして日本にまでも……フレンチ・カンカンの名で輸出されている！（Claude de Combert et Thierry Lefèvre, *Le Tour de France des bonsbons*, Robert Laffont, Paris, 1995, p. 103.）

結論
Conclusion

残念ながら、この本にはミル＝フイユ――一千葉――の頁はない！　しかしながら、お菓子メタファーのコーパス（資料集）として、全体で三百以上の言葉からなる辞書を作成するきっかけになるかもしれない。

ウリポ一派、およびその指導者で、「e」という文字を一度も使わずに本を書いたジョルジュ・ペレックの精神にしたがって、わたしたちもちょっとした練習をしてみることができると思う。お菓子の語彙だけを使って、段落を丸ごとひとつ書いてみよう。旅行代理店はこの文章をパンフレットに採用して、未来のお客を旅に誘えるかもしれない。

メルヴェイユでの甘い**ウィーク・エンド**を、夢の**デュオ**で。**クール・フリヴォル**「浮気心」には**カラカス**で**テータ・テート**「水いらず」。**クー・ド・ソレイユ**「日焼け」は保証つき。**ポー・ド・ペーシュ**「敏感肌」には**イパネマ**か**アカプルコ**の浜を。**ノクテュルヌ**「夜型人種」には**カジノ**……

ご覧のとおり、お菓子語彙集には動作の動詞が欠けている！

固い絆が美食と言葉とをつなぐ。お菓子を創造し、それに値段と番号だけをつけて、それでよしとすることなど考えられない。たとえ数字を並べた一覧表——中国料理店でのように——が消費者に、意味のわからない外国語の単語を発音して、舌を噛むことを回避させるとしても。すべては言葉に、言葉の繊細さ、そこからわきあがる感動と興奮とにある。

料理関連の職業を指すのに、フランス語ではメティエ・ド・ブッシュ「口の職」という総称を使う。口は言葉の道具であり、すばらしい感覚の場所である。口は感覚と欲望のセンサーだ。科学者の指摘によれば、「クラウスの小体」と呼ばれるもっとも敏感な神経構造は、口、舌、唇、そして生殖器官にある。

食事の終わりを画すデザートは、お祭り、芳香のクライマックスでなければならない。この瞬間が近づくとき、食卓を囲む人びとの食欲はすでに刺激されている。お菓子は単に肉体に糧をあたえるだけではない。それは感動を開放する。ナポリの精神分析医は、患者の好きなお菓子に基づく質問表を練りあげた。「あなたはババ、サヴァラン、あるいはシャルロットのねっとりとして、柔らかく湿った舌触りを好みますか？　それともさくさくと音を立て、固く、ときにはスパイシーなサブレその他のショートブレッドのほうが好きですか？　酸味と甘味、薄切りと厚切りのどちらを好みますか？　さまざまな風味の組合せ、それともひとつの支配的な強い風味のどちらを選びますか？」これらの資料から、精神分析医は患者、その性格、その衝動のモンタージュ写真を作成する。

子供時代から、感動の記憶は食べ物と密接に結びつく。すべての通過儀礼、社会的・宗教的・家庭的な祭事は、お菓子の賞味で終わる。

本書において著者ふたりの関心は、お菓子の発展と創造についてその土地固有の視点、そしてそれがわたしたちの社会においてもつ意味を再構築することにあった。しかし研究領域をよりよく分析するためには、わたしたちはつねに対象から必要な距離を保たねばならない。

だが、認めてしまおう。わたしたちは製菓業に特別な愛着をもっている。パティシエ＝ショコラティエはさまざまな能力をもつ人物である。製菓職人は、たとえへたな方程式を立てる危険を冒しても、レシピの改善において日々使用する数字と数学に敬意を払わねばならない。さらに描写的なメタファーの選択と、それが呼び覚ます文学的芸術的連想において、そしてその作品の美じさと材料の選択において、職人は文学者であり芸術家でもある。造形し、型をとり、色をつけ、さまざまな素材をまとめあげるのは職人なのだから。

製菓職人は満足を知らぬ探求者であり、その製品の品質向上に全力を傾ける。科学者であり錬金術師、味覚を記憶し、混合を完璧にする。動詞サペーレ「味がある」の語源が、サピエンティア「叡智」と同じなのも驚くには値しない。「サペーレ」と「サピエンティア」の組合せは切り離せない。

訳者あとがき

もりひとつないチョコレートの上に宵の明星のように輝く金箔をのせたオペラ、フィンガー・ビスケットのあいだから乙女の頬を思わせる薄桃色がのぞくシャルロット・オ・フレーズ、艶やかな飴色にあの崇高な果実の香気が漂うタルト・ブルダルー……美しい外観と愛らしい名前に魅了され、ケーキ屋さんの店先でどれにしようかと迷った経験はだれでもおもちでしょう。

あるとき、カウンターの向こうで待ちかまえる店員さんの視線に夢の世界から唐突に引きもどされ、思わず昔からのお気に入りを注文したことがありました。

「ミル＝フイユをお願いします」

「お客さま、ミルフィーユでございますね?」

「……」

ミル＝フイユ mille-feuille とミルフィーユ mille filles、発音も字面も似ているこのふたつの言葉、けれどもフランス語では意味がまったく違います。お菓子の名前として正しいのはミル＝フイユ mille-feuille。こちらの意味は本文でご覧いただくとして、ミルフィーユのほうは「一千人の娘さん」

という意味です。

いま便宜的に「フイユ」と書きましたが、子音fのあとの母音は発音記号で書くと「œ」。日本語にはないこの音が、「i」という日本人に発音しやすい母音に置き換えられていくのは当然です。英語の「ケーク」が「ケーキ」になったように、このさくさくとした味わいのお菓子がミルフィーユの名で定着していくのは仕方がないのかもしれません。でもお菓子屋の店先で返事に詰まったあのとき、フランス菓子の名前や由来のおもしろさに目を啓かれるような思いがしたのも事実です。

現代は目のまわるような早さで技術革新がおこなわれ、二、三年前のテクノロジーがあっという間に時代遅れになってしまいますが、お料理の世界も例外ではありません。ヌーヴェル・キュイジーヌという言葉がはやったのは一九七〇年代のこと。それ以来わずか二十年ほどでフランス料理がいかに洗練されたか、当時の料理書を見れば一目瞭然です。同様にフランス菓子も素材の多様化を進め、さらに技術を洗練させることによって、その芸術性をますます高めてきました。本書は伝統と革新が絡み合ったフランス菓子の世界に、お菓子の名称というユニークな視点からアプローチを試みたものです。

最近ではフランス帰りのパティシエ「製菓職人」も多く活躍し、また本書に登場するパリやウィーンのパティシエ＝ショコラティエの多くが、日本にお店をもっています。製菓業界の国際化が進んだ現在、ひところのように古典菓子の名前が似ても似つかないお菓子につけられていたり、わけのわからない不思議な名前のお菓子と出会ったりということは少なくなりました。それでも詩のように美しい名のうしろに隠された意味がわかれば、おいしさも倍増、お菓子への愛情はいっそう深まるのではないでしょうか？

なお翻訳にあたっては、原書の参考文献に挙げられている資料その他をできるかぎり参照し、年号など明らかに間違いと思われるものは訳者の判断で訂正しました。矛盾する記述を一部省略したほか、日本人読者の便宜をはかって説明を加筆した部分のあることを付記します。製菓用語についてさらに詳しく知りたい方は、フランス菓子愛好家のバイブルとも言うべき『洋菓子用語辞典』（千石玲子・千石禎子・吉田菊次郎著・白水社刊）をご覧ください。料理やお菓子のいわれは伝説に属する部分も多く、本書の記述が必ずしも歴史的に正しいわけではありません。華麗なるフランス菓子の世界への扉としてお読みいただければ幸いです。

お菓子の現地調査をお願いしたパリ在住の針穴写真家、田所美恵子氏とサン＝トノレを作るかのごとくに面倒だった編集作業にあたられた白水社編集部の的崎淳子氏に心より感謝いたします。

一九九九年十一月

北代美和子

洋菓子百科事典　吉田菊次郎 著

洋菓子のすべてがわかる事典。配合や製法に加え、歴史やエピソードなど文化的背景も。主原料・器具・製菓用語も詳しい。巻末に年表。洋菓子のプロやプロを目指す方はもちろん、お菓子作りを趣味とする方、製菓業界に関わるすべての方に。

仏英独＝和［新］洋菓子辞典

千石玲子、千石禎子、吉田菊次郎 編

これからプロを目指す人も、既にプロの人も手元に置いてほしい一冊。仏・英・独の３か国語に対応。カナ発音付き 日本語から引ける逆引き用語集も併録。

訳者略歴

北代美和子（きただい・みわこ）

一九五三年生まれ。翻訳家。

主要訳書

ビュフォード『フーリガン戦記』『厨房の奇人たち』、パークス『狂熱のシーズン』『メディチ・マネー』、ブラック『極上のイタリア食材を求めて』、フレッチャー『戦場からスクープ！』、リヴァンス『ウイスキー・ドリーム』、ビーヴァー、クーパー『パリ解放 1944–49』、マッシー『エカチェリーナ大帝 ある女の肖像』（以上、白水社）

メナール『小鳥はいつ歌をうたう』、モランテ『アンダルシアの肩かけ』『嘘と魔法』、ルオー『名誉の戦場』、デュラス『私はなぜ書くのか』、ジズベール『105歳の料理人ローズの愛と笑いと復讐』（以上、河出書房新社）

フランドラン、モンタナーリ編『食の歴史』全3巻（監訳、藤原書店）

ヘレーラ『石を聴く　イサム・ノグチの芸術と生涯』、『イサム・ノグチ　エッセイ』（以上、みすず書房）

ほか

名前が語るお菓子の歴史［新装版］

二〇二四年　三月二〇日　印刷
二〇二四年　四月一〇日　発行

著者　ニナ・バルビエ
　　　エマニュエル・ペレ
訳者 © 北代美和子
装幀者　三木俊一（文京図案室）
発行者　岩堀雅己
印刷所　株式会社　精興社
発行所　株式会社　白水社

東京都千代田区神田小川町三の二四
電話　営業部〇三（三二九一）七八一一
　　　編集部〇三（三二九一）七八二一
振替　〇〇一九〇‐五‐三三二二八
郵便番号　一〇一‐〇〇五二
www.hakusuisha.co.jp

乱丁・落丁本は、送料小社負担にてお取り替えいたします。

誠製本株式会社

ISBN978-4-560-09287-3

Printed in Japan

本文レイアウト　金子　裕
イラスト　津々井　良

製菓用語

ア

ヴォロ＝ヴァン vol-au-vent　フイユタージュで作った直径15 cmから20 cmほどの円形の容器で、フイユタージュの蓋がつく。このなかにたとえばベシャメル・ソースであえたマッシュルームなどの料理を詰める。

オレンジの花水 eau de fleur d'oranger　オレンジの花を浸出し、蒸留して得た液体。

カ

ガトー gâteau　小麦粉・バター・卵などを使って焼きあげたお菓子やケーキの総称。この言葉はフランク語で食物を指すwastilから派生した。

ガトー・セック gâteau sec　ビスケットやクッキーなど乾いた（sec）お菓子（gâteau）。

ガナシュ ganache　チョコレート、バター、生クリームなどを合わせた製菓用クリーム。お菓子の詰め物、衣がけ、チョコレートのセンターなどに使用される。

ガレット galette　円盤型の菓子。新石器時代に穀物の粥を熱した石の上に広げて焼いたものに端を発し、もっとも古いパティスリーと言われる。

グラス・ロワイヤル glace royale　粉糖、卵白、レモン汁を練ったもの。お菓子の衣がけ（アイシング）に使う。

クレーム・アングレーズ crème anglaise　牛乳、砂糖、卵黄にヴァニラ（あるいはレモンやオレンジの皮など）で香りをつけ、火にかけてとろみを出したもの。パティスリーに添える。

クレーム・オ・ブール crème au beurre　バター・クリーム。バター、砂糖、卵、香料をあわせたクリーム。

クレーム・シャンティイ crème chantilly　生クリームに砂糖を加え、ヴァニラで香りをつけて固く泡立てたもの。

クレーム・ダマンド crème d'amande　砂糖、バター、粉末アーモンド、卵を混ぜたもの。

クレーム・パティシエール crème pâtissière　製菓用クリーム。卵、砂糖、牛乳、小麦粉にヴァニラなどで香りをつけ、火にかけてとろっとさせたクリームで、パティスリーに使用される。

クレーム・フランジパーヌ crème frangipane　クレーム・パティシエールにクレーム・ダマンドを混ぜたもの。

クレーム・ムスリーヌ crème mousseline　クレーム・パティシエールにバターを加え、攪拌して軽くしたもの。

クレーム・ランヴェルセ crème renversée　牛乳、卵、砂糖を混ぜ、型に入れてオーブンで湯煎にして固める。カスタード・プディング等のベースになる。

コンフィズリー／コンフィズール confiserie/confiseur　糖菓、砂糖菓子。ボンボンやキャラメル、キャンディー、ヌガー、果物のパート（ゼリー）、マロン・グラセなど砂糖をベースにした小菓子の総称。またそれを製造・販売する店。糖菓職人はコンフィズールと言う。語源はラテン語のconficere「製造する・作成する・料理を作る」。果物をシロップで煮て作るジャムconfitureと同族語である。ただしショコラ（チョコレート）は別格扱いでコンフィズリーにははいらない。

サ

サブレ生地 pâte sablée　小麦粉、柔らかくしたバター、卵、砂糖で作る製菓用生地。ガトー・セックやパティスリーの台とする。

サロン・ド・テ salon de thé　紅茶 thé、コーヒー、ショコラ（ココア）などアルコール以外の飲料とお菓子やサンドイッチなどの軽食を出す店。現在のサロン・ド・テは高級製菓店やデパートに付属することが多い。

ジェノワーズ génoise　全卵と砂糖を湯煎で合わせ、小麦粉（と溶かしバター、あるいはアーモンド粉や砂糖漬けの果物など）を加え、焼いたもの。パティスリーの台とする。

シュクセ succès　泡立てた卵白に砂糖・粉末アーモンドを混ぜて焼いたもの。

シュクル・フィレ sucre filé　砂糖を煮詰め、フォークなどにからませて左右に振ってふんわりとした糸状にしたもの。

シュクレ生地 pâte sucrée　バター・砂糖・卵・小麦粉で作る生地。タルトの台、プティ・フールなどに使用。

ショコラトゥリー／ショコラティエ chocolaterie/chocolatier　ショコラ（チョコレート）製品の総称。ショコラ専門店も指す。ショコラ職人はショコラティエ。

ショソン chausson　フイユテ生地のなかに砂糖で煮た果物を詰めて焼く半円形の菓子。

タ

ダコワーズ dacquoise　卵白を泡立て、粉末アーモンド、小麦粉、砂糖を加えて焼いたもの。ムラングとビスキュイの中間。

トレトゥール traiteur　テイクアウトの料理、あるいは注文によってパーティなどに料理の仕出しをする料理人のこと。いわゆるケイタリング・サーヴィス。製菓職人が担当することが多い。

ナ

ヌガー nougat　砂糖、蜂蜜をベースに乾燥果物を混ぜ、板状にのした糖菓。

ヌガティーヌ nougatine　ブロンドに煮詰めたカラメルと砕いたアーモンド（とヘーゼルナッツ）を油をひいた大理石の上でのしたもの。板状、あるいは一口大に切ったり、成型してお菓子の台やピエス・モンテの装飾等に使う。チョコレート・ボンボンのセンターにすることもある。

ハ

パスティヤージュ pastillage　粉糖に植物性のゴムなどを加えて、練り合わせたもの。彫刻や成型が容易で装飾に使用される。

パート・ダマンド pâte d'amande　マジパン。アーモンドと砂糖をすりつぶして、ペースト状にしたもの。

パティスリー／パティシエ pâtisserie/pâtissier　原則として小麦粉を水で捏ねた生地 pâte を使う菓子、およびそれを製造・販売する店。製菓職人はパティシエと言う。動詞 pâtisser「生地を捏ねる」から派生。

パン・デピス pain d'épice　小麦粉（ライ麦粉を混ぜてもよい）、蜂蜜、エピス épice（フランス語で「スパイス」の意）で作るきめの細かいパン状の菓子。

ピエス・モンテ pièce montée　いくつかのお菓子を段々に積みあげた装飾性の高い菓子。

ビスキュイ biscuit　ベーキング・パウダー、

あるいは泡立てた卵白を加えることによって、生地をふんわりとさせたお菓子の総称。パティスリーのベースに使われることもある。また現代ではフィンガー・ビスケットやマカロンなど、工場生産される小型のガトー・セックも指す。

フイユタージュ feuilletage **あるいはフイユテ生地** pâte feuilletée　小麦粉、塩、水を捏ねた生地にバターをはさみ、何回か折り畳んで、焼きあがりに層ができるようにしたもの。

ブランジュリー／ブランジェ boulangerie/boulanger　パンを製造・販売する店。パン職人の同業者組合ができたのは十二世紀頃と言われるが、当時は小麦粉をふるい tamis にかけることから、タミジエ tamisier あるいはタムリエ tamelier と呼ばれた。現在パン屋・製パン職人を指すブランジェという言葉は十三世紀から使われている。これはピカルディ地方の古語 boulenc「丸い en boule パンを作る人」から派生した言葉である。街角の庶民的なブランジュリーはエクレールやルリジューズ、果物のタルトなど素朴な定番菓子を製造・販売するのが一般的で、看板にはよくブランジュリーとパティスリーの文字が並べて書かれる。

ブリゼ生地 pâte brisée　小麦粉（と砂糖）、バター、卵を合わせ、軽くまとめて休ませてからのす。タルトの台等に使う。

ベニエ beignet　衣をつけて揚げた物、揚げ菓子。

ムラング meringue　卵白と砂糖をあわせて固く泡立てたもの。いわゆる「メレンゲ」のこと。

ムラング・イタリエンヌ meringue italienne　泡立てた卵白に煮詰めた糖液を流し入れて、ムラングよりもさらに固く泡立てたものでタルトや氷菓の飾りつけなどに使われる。

菓子名一覧

ア

アイーダ(ボンブ・アイーダ)
Aïda(Bombe Aïda)
アヴァランシュ Avalanche
アカプルコ Acapulco
アステック Aztèque
アニョー Agneau
アニョー・パスカル
Agneau pascal
アビサン Abyssin
アブキール Aboukir
アマンディーヌ Amandine
アリ・ババ Ali Baba
アルシデュック Archiduc
アルシュヴェック
Archevêque
アルデショワ Ardéchois
アレクサンドラ Alexandra
アレルヤ Alleluia
アンヌ＝マリ Anne-Marie
アンバサドゥール
Ambassadeur
アンファント・ド・ボルドー
Infante de Bordeaux
アンプレヴュ Imprévu
アンブロワジー Ambroisie
アンペリアル Impérial

イ

イエマス Yemas
イックス Ixe
イパネマ Ipanema

ウ

ヴァンドーム Vendôme
ヴィエノワズリー
Viennoiserie
ウィーク・エンド Week-End
ウェディング・ケーク
Wedding cake
ヴォロ＝ヴァン Vol-au-vent
ウブリ Oublie
ウルサン Oursin

エ

エクスのカリソン
Calisson d'Aix
エクレール Éclair
エショデ Échaudé
エスカルゴ Escargot
エブリ Éboulis
エリゼ Élysée
エリソン Hérisson
エレオノール Éléonore

オ

オイユ・ド・モスクー
Œil de Moscou
オス・ド・グルヌイユ
Os de grenouille
オテッロ Othello
オペラ Opéra
オムレット・
ノルヴェジエンヌ
Omelette norvégienne
オレイユ・ド・コション
Oreille de cochon
オングロワ Hongrois

カ

カヴァニャ Cavagnat
カカヴェッリ Cacavelli
カジート Cajito
カジノ Casino
ガトー・ア・ラ・ブロシュ
Gâteau à la broche
ガトー・ヴェルディ
Gâteau Verdi
ガトー・デ・カルメリット
Gâteau des carmélites
ガトー・デ・ザンジュ
Gâteau des anges
ガトー・デ・ロワ
Gâteau des rois
ガトー・ド・コンピエーニュ
Gâteau de Compiègne
ガトー・バスク
Gâteau Basque
カトル＝カール
Quatre-quarts
カニストレッリ Canistrelli
カヌレ Cannelé
カヌレ・ジロンダン
Cannelé girondin
カプリス Caprice
カライブ Caraïbe
カラカス Caracas
カリオカ Carioca
カリソン・デクス
Calisson d'Aix
カリンカ Kalinka
カルディナル Cardinal
カルト・ド・ヴィジット
Carte de Visite
カルル・ゼロ Karl Zéro
ガレット・デ・ロワ
Galette des rois
ガレット・メルキオール
Galette Melchior
カンパニリ Campanili

キ

キュジオル Cugiole
ギルランド(ド・ノエル)
Guirlande(de Noël)

ク

クイニャマン Kouign'amann
クク・ディオ Coucou d'lo
クグロフ(クーゲルホップフ)
Kouglof(Kugelhopf)
クタイフ Ktaïef
クー・ド・ソレイユ
Coup de soleil
グノー Gounod
クラックラン Craquelin
クラフティ Clafouti
クリスマスの十三種のデザート(トレーズ・デセール・ド・ノエル)
Treize desserts de Noël
クリスマス・プディング
Christmas pudding
クルスタード Croustade
クール・ド・サント=カトリーヌ
Cœur de Sainte-Catherine
グルヌイユ Grenouille
クール・フリヴォル
Cœur frivole
クレート・ド・コック
Crête de coq
クレープ Crêpe
クレープ・シュゼット
Crêpe Suzette
クロカンブッシュ
Croquembouche
クロキニョル Croquignol
クロワッサン Croissant

ケ

ケーク Cake

コ

コクシネル Coccinelle
ココ・ディル Coco d'île
コション Cochon
コーニュデュール Cognedur
ゴーフル Gaufre
ゴランフロ Gorenflot
コルヌエル Cornouelle
コルヌ・ダボンダンス
Corne d'abondance
コルヌ・ド・ガゼル
Corne de gazelle
コルネ・ダムール
Cornet d'amour
コルネ・ド・デュシェス
Cornet de duchesse
コロンビエ Colombier
コンヴェルサシオン
Conversation
コンコルド Concorde
コンセルト Concerto

サ

サヴァラン Savarin
サクリスタン Sacristain
ザッハトルテ Sachertorte
サブレ Sablé
ザラービーア Zlabia
サランボー Salammbô
ザルツブルジョワ
Salzbourgeois
サン=ジェルマン=ロセロワ
Saint-Germain-l'Auxerrois
サンタフェ Santa Fe
サン=タンヌ Sainte-Anne
サント=ジャンヌ
Sainte-Jeanne
サント=セシール
Sainte-Cécile
サン=トノレ Saint-Honoré
サンバ Samba
サンフォニー Symphonie
サン・ミシェル Saint Michel

シ

ジェジュイット Jésuite
ジェロルスタン
Gérolstein
ジークフリート Siegfried
シナマン Cyn-aman
シーニュ Cygne
シブスト Chiboust
シ・フリュイ Six Fruits
シャトン Chaton
ジャネット Jeannette
シャブロル Chabrol
ジャルジー Jalousie
シャルロット Charlotte
シャルロット・ア・ラ・パリジエンヌ(ア・ラ・リュース)
Charlotte à la parisienne
(à la russe)
シャルロット・オ・フレーズ・デ・ボワ
Charlotte aux fraises des bois
シャンボール Chambord
シュー(・ア・ラ・クレーム)

ス

セ

ソ

タ

テ

ト

ヘ

ホ

マ

ミ

ム

ムース・カプリス
Mousse Caprice
ムラング Meringue

メ

メギラ Meguila
メディシス Médicis
メルヴェイユ Merveilles

モ

モカ Moka
モガドール Mogador
モザール Mozart
モスコヴィット Moscovite
モーツァルト Mozart
モワノー Moineau
モンテ＝クリスト
Monte-Cristo
モンテスキュー
Montesquieu
モンテスマ Montezuma
モンブラン Mont-blanc
モンモランシー
Montmorency

ユ

ユルシュリーヌ Ursuline

ラ

ラ・バヤデール
La Bayadère
ラング・ド・シャ
Langue de chat
ランジュ・デュ・セニュール・ジェジュ
Lange du Seigneur Jésus
ランボー Rimbaud

リ

リヴォリ Rivoli
リゴレット Rigoletto
リシュリュー Richelieu
リュシュパンス Richepanse
リュタン Lutin
リュネット Lunette
リンカーン Lincoln

ル

ルトゥール・デ・ジル
Retour des îles
ル・フィガロ Le Figaro
ル・マスク・エ・ラ・プリュム
Le Masque et la plume
ルリジューズ Religieuse

レ

レカミエ Récamier
レジャン Régent
レーヌ・ド・サバ
Reine de Saba
レーリュッケン Rehrüken

ロ

ロメオ Roméo

ワ

ワクラワ Baklava

参考文献

Altmann-Loos, E., *Recettes et Souvenirs de Vienne*, Paris, Hazan.

Berkenbaum B., Mahoux F., Van Steenkist J., *Biscuits*, Paris, Casterman, 1994.

Bonneton, C., *Faites tout vous-même autour d'un thème*, Paris, Christine Bonneton, 1988.

Brécourt-Villars, Cl., *Mots de table, Mots de bouche*, Paris, Stock, 1996.

Brillat-Savarin, A., *Physiologie du goût*, Paris, Herman, 1975.
ブリア・サヴァラン著 **『美味礼賛』**（新装版） 関根秀雄訳 白水社，1996年
ブリアーサヴァラン著 **『美味礼賛』**（上・下） 関根秀雄・戸部松実訳 岩波文庫，1967年

Calvino, I., *Le corbeau vient le dernier*, Paris, Julliard 10/18, trad. franç., 1980.
イタロ・カルヴィーノ **『魔法の庭』** 和田忠彦訳 晶文社，1991年

Carême A., *Le Pâtissier royal*, Paris, J.-G. Dentu, 1815.

Carême A., *Le Pâtissier Pittoresque*, Paris, Au dépôt de la librairie, 1854.

Chiche-Yana, M., *La Table juive, recettes et traditions de fêtes*, Aix-en-Provence, Edisud, 1992.

Combert, Cl. et Lefèvre, Th., *Le Tour de France des bonbons*, Paris, Robert Laffont, 1995.

Constant, C., *Le Chocolat*, Paris, Nathan, 1988.

Courtine, R. J., *Larousse gastronomique*, Paris, Librairie Larousse, 1984.

Dubois, U. et Bernard, E., *La Cuisine classique*, Paris, E. Dentu, 1874.

Dumas, A., *Lettres sur la cuisine à un prêtendu gourmand napolitain*, Paris, Mercure de France, 1996.

Earnshaw, N., *Recettes gourmandes d'Angleterre, Desserts-gâteaux, Chutneys et confitures*, Aix-en-Provence, Edisud, 1994.

Farb, P., et Armelagos G., *Anthropologie des coutumes alimentaires*, trad. franç., Paris, Denoël, 1985.

Giraud, D., *Le Pâtissier chocolatier*, Valence, SEGG, 1986.

Gouffé, J., *Le Livre de la pâtisserie*,

1873,
Marseille, Jeanne Laffitte, 1981.

Gourmandise (La),
délices d'un péché,
Paris, Autrement, 1993.

Grimod de La Reynière,
Manuel des amphytrions,
Paris,
Métaillé, 1981.

Guillemard, C.,
Les Mots d'origine gourmande,
Paris, Belin librairie classique, 1986.

Ketcham Wheaton, B.,
Savoring the Past,
The University of Pennsylvania Press, 1983.
バーバラ・ウィートン
『味覚の歴史』辻美樹訳
大修館書店　1991年

Lacam, P.,
Le Mémorial de la pâtisserie,
Vincennes, 1890.

Lenôtre, G.,
Desserts traditionnels de France,
Paris, Flammarion, 1991.

Mille et une bouches,
Cuisine et identité culturelle,
série Mutations/
Mangeurs n° 154
(sous la directdon de Sophie Bessis),
Paris, Autrement, 1995.

Obeida. K.,
253 recettes de cuisine algérienne,
Paris, Jacques Grancher, 1983.

《Les Rédacteurs des éditions *Time-Life*》,
Préparer autrement les gâteaux,
Amsterdam, *Time-Life*, 1988.

Sienne, S.
(sous la direction de),
L'Imaginaire des nourritures,
Grenoble, Presses universitaires de Grenoble, 1989.

Terasson, A.,
Atlas des desserts de France,
Paris, Rustica, 1995.

Vielfaure, N., et
Beauviala A. Ch.,
Fêtes, coutumes et gâteaux,
Paris, Christine Bonneton, 1984.

Vielfaure, N.,
Fêtes et gâteaux de l'Europe traditionnelle, de l'Atlantique à l'Oural,
Paris, Christine Bonneton, 1993.